【有故事的郵票】

# 斯洛伐克童話

梁晨／說故事
蔡兆倫、謝祖華／繪圖

遠流

# 目錄

一枚郵票是一隻可愛的小白鴿，
帶著我們的思念和祝福，送給遠方的朋友；
一枚郵票能變身成大大的魔毯，
載著我們飛到世界各地，欣賞不思議的故事——

只有窮人擁有的智慧是什麼？
鹽竟然比黃金更值錢？
幾百年來市政廳牆上的那幅畫像為何都抹不掉……？

——哇！太有趣了！
趕快從左邊的斯洛伐克地圖，
挑選喜歡的郵票和故事，找到頁數，
故事魔毯要起飛了，讓我們出發去吧！

# 國王與三枚銅板

只有窮人才懂的智慧，考倒了郵票裡這位聰明的國王……

在歐洲的中部，多瑙河與連綿不絕的高塔德拉山脈之間有個不大不小的王國。那裡所有的平原小鎮和山谷村莊都盛傳著這樣一則故事：

炎熱寂靜的下午，有個窮苦人正在皇宮旁邊的小路上很辛苦的修補路面。也不知怎麼回事，國王恰巧在這時走出皇宮，沿著這條小路散步。

國王見到了這位在烈日下揮汗如雨的窮苦人，

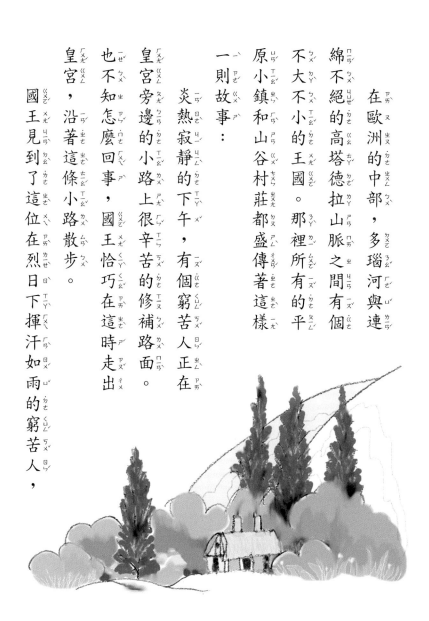

就停下腳步問他：

「我親愛的子民，請告訴我，你做這麼辛苦的工作，每天能賺多少錢？」

「啊，尊敬的國王，我每天可以掙到三個銅板。」

國王聽了十分訝異，接著又問他，如何靠這三枚銅板過活。

「哎呀，聖明的國王，要是能靠這三枚銅板過活，那我的日子可就輕鬆嘍。可是，這三個銅板的其中一枚，我要還給別人，第二枚我得借給別人，第三枚才是讓我自己生活用的呢。」

窮苦人說的話，讓國王聽得很疑惑：只有少少的三枚銅板，還要借人又還人，這到底是什麼意思？他左思右想，怎麼也想不明白，於是謙虛的向窮苦人請教，如何才能用這三個銅板既「借」又「還」，同時顧及自己的生活。

「唉，陛下，」窮苦人開口說：「是這樣的，我家裡有個老父親，他已經不能照顧自己了，我把一個銅板用在父親身上，因為他辛辛苦苦把我養大，現在是我報答他的時候，這當然是「還」；另外，我還養育一個兒子，一個銅板用在他身上，就好像是借給他，希望等我年邁體衰的時候，兒子也能好好善待我；剩下第三個銅板，才是留給我自己用的

SLOVENSKO 12

呀。」

「原來如此！」國王聽了十分感動，連連點頭說，「你看，我有十二位大臣，他們理應幫我分憂解難，但我給他們的賞賜越多，他們就越不滿足，每天叫苦連天，抱怨錢不夠他們的生活！現在我要對他們講講你的謎題來考驗一下。如果他們來找你，你絕對不許向任何人透露謎底！除非是當著我的面。」

說著，國王從錢袋中掏出滿滿一把金幣，放到了窮苦人的手心裡，然後走回了皇宮。

國王立即召集十二位大臣到跟前，對他們說：

「你們每月的俸祿和賞賜非常豐厚，可你們一直抱怨不知如何過活。我告訴你們，在這個國家有個窮苦人，他每天只能掙到三枚銅板，但其中一個要還，一個要借，最後一個才留給自己過活——我得說，他活得十分有尊嚴。現在你們這些號稱絕頂聰明的大臣，請告訴我，這到底是怎麼回事？如果三天內不能給我答覆，那我就要把你們從宮廷趕出去，免得白白浪費金銀！」

那些平時頤指氣使的大臣垂頭喪氣的回到各自家中，長

吁短嘆，冥思苦想。每個大臣都盼望自己能比別人快一步想出謎底，但他們的智商和見識，怎能和這位窮苦人相比？一天過去了，兩天過去了，沒有一位大臣可以想出答案。眼看國王給的期限即將來到，這時不知是誰向他們說了悄悄話，透露國王曾經在皇宮附近見過一個窮苦人。於是大臣們立刻蜂擁趕到窮苦人正在修整的小路上。

大臣們先是趾高氣揚的命令窮苦人說出答案，再來是用威脅的，最後又承諾給他種種好處。但不管他們使出什麼手段，窮苦人毫不畏懼。他告訴大臣們，只能在看著國王的臉時，他才能說出謎底。

「我們怎麼可能當著國王的面請你說出謎底？」大臣們氣惱的說，「就是不想讓國王知道我們找過你！你別不知好歹了，快告訴我們答案！」

「如果你們連這樣都做不到，那就沒什麼好談的。」窮苦人說。

大臣們只好說要用大片山林和土地做交換，又許諾送給他許許多多金銀，足夠他花好幾輩子的錢。然而，無論大臣們如何軟硬兼施，窮苦人卻沒有一絲動搖。

最後，窮苦人望著這些大臣，輕輕搖了搖頭嘆口氣，接著從褲子口袋中掏出了一枚國王送給他的金幣。他用手指捏著金幣，金幣背面的國王頭像在陽光下熠熠閃亮。

「你們看，國王的臉不就在眼前？既然我現在看到了國王陛下的臉，那我說出來也不算違背諾言。好吧，我可以告訴你們答案了。」

於是，窮苦人向面前的大臣們講出了謎底。

等到國王限定的第三天到來，大臣們不慌不忙的把從窮苦人頭腦中借來的智慧大肆表演了一番。他們對國王講出了「借」和「還」的道理。但明智的國王馬上就猜到是怎麼回

事，立刻派人把窮苦人召到皇宮問話：

「你告訴我，究竟發生了什麼事？我認為你是非常堅定的人，為什麼你卻違反了承諾，把謎底透露給了這幫沒用的大臣？」

「最聖明的國王陛下，我沒有不守承諾，因為我一直像岩石一樣沉默，直到我見到了您的臉。您瞧，還是您親自送我的呢——」說著，窮苦人從口袋裡拿出了鑄有國王頭像的金幣，「這十二位大臣對我威逼利誘，許下很多財富，但我沒有拿，我只是看他們發愁的樣子太可憐了。」

「很好，」國王點頭，他沉吟了一下說，「你簡直比我這十二個酒囊飯袋要有智慧多了！既然你如此聰明，就請留在皇宮做我的顧問大臣！你再也不必去修路，請把你的大智慧貢獻給我們的王國吧。」

「至於你們，」國王又轉過頭來望著十二位大臣，滿眼失望，「你們是否感覺到羞愧呢？……什麼？你們問我，你們該怎麼辦？——我要大大削減你們的俸祿作為懲罰，請各位好好反省吧！」

大臣們的臉上就像放煙火，紅一陣紫一陣，慌慌忙忙的退出了宮殿……

## 故事好郵趣

這則古老的傳說在斯洛伐克流傳了很久很久，斯洛伐克人至今都非常喜歡這篇「三枚銅板」的故事。人們對文中窮苦人善待自己父母的善行十分推崇，這與「百善孝為先」的觀念不謀而合。

西元八、九世紀，差不多和中國唐朝同一時候，斯洛伐克正處在大摩拉維亞帝國的版圖之中。那時有幾位國王的名字至今被斯洛伐克人傳誦，其中一位就是本篇故事裡的斯懷德普魯克國王。至今在斯洛伐克首都的地標建築——布拉提斯拉瓦四角大城堡前面，就矗立著斯懷德普魯克國王騎馬的銅像，他英姿

勃發坐在馬上，面對流淌的多瑙河，彷彿依然庇佑著這片土地。

斯洛伐克郵局曾經兩次發行過他的郵票，篇首郵票發行於二〇〇一年，是一套四枚郵票中的一枚（圖1-1右下）。這套郵票是為了紀念大摩拉維亞帝國時代的著名國王而發行，在他們的英明統治下，大摩拉維亞帝國經歷了最輝煌的歷史時刻。

在這套郵票的小全張中，上方的票邊還附有大摩拉維亞帝國

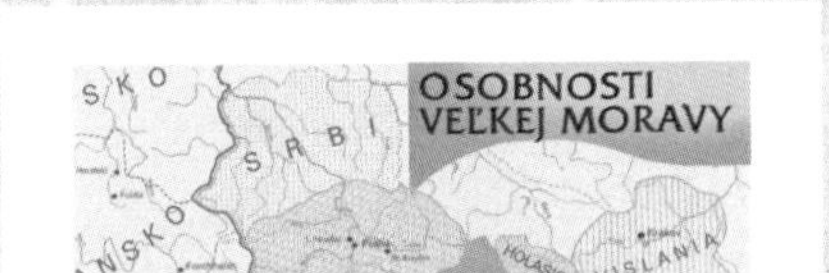


圖1-1　爲紀念大摩拉維亞帝國四位明君，2001年發行的郵票小全張。所謂小全張，是指全套郵票印在一張較小的紙上，通常紙邊會襯有相關圖案或文字，本套小全張就襯加了大摩拉維亞帝國地圖。（周惠玲收藏）

的地圖，這是由斯洛伐克歷史學家和考古學家一起繪製。從中我們可以看出，大摩拉維亞帝國的版圖橫跨當今部分的斯洛伐克和捷克的領土，以及小部分的波蘭。

在這之前，斯懷德普魯克國王還有另一套郵票（圖1-2），是為了紀念他逝世一千一百年而發行。這枚郵票畫面取材自一個雕塑作品，靈感來自關於斯懷德普魯克國王最有名的傳說：他利用捆在一起的木

圖1-2　1994年紀念斯懷德普魯克國王的郵票小全張，畫面以他利用捆在一起的木條不易折斷的概念教育兒子。（周惠玲收藏）

條不易折斷的概念，教育三個兒子要合作，因為「兄弟齊心，其利斷金」。

可惜，他的兒子們並沒有聽從他的教誨，因此，斯懷德普魯克國王雖然是一代明君，然而大莫拉維亞帝國的解體，卻與他兒子們不斷內鬥息息相關。

# 鹽比金子貴

為什麼公主對國王說：
「我愛您就像鹽一樣？」
讓這枚郵票告訴你……

從前有一位國王，他有三個女兒。他把女兒們當作掌上明珠，從小細心呵護。國王日漸衰老，像是白雪飄落在他金色的頭髮上，一根一根將髮絲染白。他開始思索，哪一位女兒適合繼承王位。最後他決定選出最愛他的女兒來當女王。

老國王把三個女兒召喚到面前。

「親愛的女兒們，我已經老了，也不知道還能陪伴你們多久。我很期待知道，你們對我有怎樣的感情。來吧，大女兒，你先說說看，你喜歡爸爸嗎？」

「哎呦，我的爸爸，您對我來說比金銀珠寶還貴重！」大女兒立刻回答，說完還親了親爸爸蒼老的手。

「那你呢，我的二女兒？你如何喜歡爸爸？」

「哎呀，我的爸爸，您對我來說，比我最珍惜的綠絲綢禮服還貴重！」二女兒嬌聲回答，一邊用雙手摟住了爸爸的脖子。

「很好，接下來是你啦，我的小女兒，你是如何喜歡爸爸呢？」

「啊，親愛的爸爸，我愛您就像愛鹽巴一樣！」小公主瑪洛莎明亮的雙眸充滿了愛意。

「什麼！你這沒教養的東西，你竟然說爸爸就像鹽巴一樣？」兩位姐姐大呼小叫起來。

「是啊，我愛您，正如這珍貴的鹽巴！」瑪洛莎又重複了一次，清澈的目光更溫柔的望著爸爸。

老國王既憤怒又失望，自己竟然被比作低賤的鹽巴！

「走，你走！從我眼前消失！」老國王對小女兒喊。

瑪洛莎難過得說不出話來，她沒想到爸爸完全不能體察自己對他的敬愛與珍視。瑪洛莎收拾了包袱，傷心的走出了皇宮。

她漫無目標的走啊走，一路翻過山丘，穿越峽谷，忽然，一位老婆婆出現在她面前。

「我的好孩子，你遇到了什麼傷心事，為什麼一路上都在流眼淚？」

「唉，親愛的老奶奶，我該怎麼說啊，而且您也幫不上忙。」

「那就說說看嘛！說不定我能給你出些好主意。畢竟我吃的鹽比你吃的麵包還多呀。」

於是，瑪洛莎就把自己的遭遇原原本本講了一遍。其實，這位老婆婆是山林中最有智慧的仙女，正是她好心的收留了瑪洛莎。

瑪洛莎在老婆婆家安頓下來，老婆婆問她：「好孩子，

你會紡布縫紉嗎？」

瑪洛莎搖搖頭，「我現在還不會，親愛的老奶奶，但是請你教我，我一定用心學會。」

瑪洛莎穿好圍裙，開始圍著爐子忙起來。

儘管她從來沒在窮苦的環境中生活過，但她

聰明又勤快，很快就熟悉了屋中的一切……

與此同時，皇宮中的兩位姐姐也很忙碌，她們溫順的替老國王揉肩按摩，摟著他的脖子撒嬌。大公主身上的衣服、首飾一天比一天華貴。二公主呢，整天舉辦舞會，盡情玩樂。老國王冷眼旁觀，發現大女兒比起愛爸爸，其實愛金銀珠寶要更多，二女兒其實更愛跳舞享樂。老國王不禁想起了小女兒。

「唉，想她幹什麼？」老國王硬生生的打斷了自己的思緒，「對她來說，我就像沒用的鹽巴……」

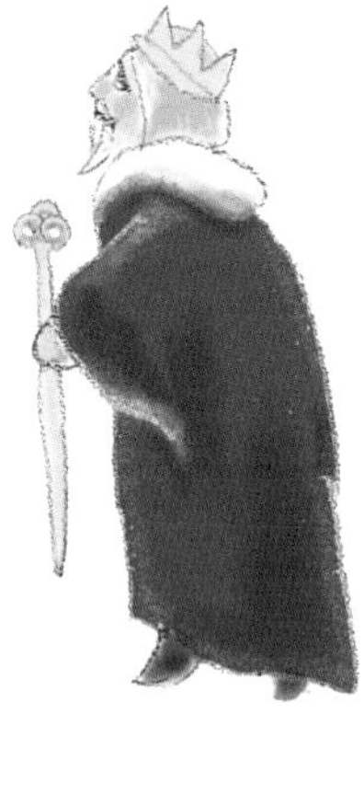

有一天，皇宮中又為二公主舉辦盛大的午宴，從遠方的國度來了許多客人。廚師們忙得像不停被抽打的陀螺。

「不好了，出大事了！」大廚師上氣不接下氣的跑到國王面前說：「所有的鹽巴突然都融化不見了，怎麼辦？我們該怎麼做飯？」

「為何大驚小怪，再去買不就好了？」

「啟稟陛下，不僅是皇宮，所有百姓家的鹽巴也都融化了，我們國家沒有一粒鹽巴啦！」

「那也沒什麼大不了，想辦法去做不用加鹽巴的料理吧！」老國王無奈的搖搖頭，這麼小的事都要來煩他。

於是，大廚師開始認真準備沒有鹽巴的料理。等宴會開筵的時候，客人們舉著刀叉面面相覷，「好奇怪的飯菜，完全沒有鹹味。不是說招待貴客嗎，怎麼連鹽巴都捨不得給我們用？」

老國王也不開心。不但兩個女兒最近都看不到人影，就連普通的鹽巴竟然也統統不見！這太奇怪了！

沒有鹽巴的日子，讓人們坐在餐桌旁愁眉不展，長吁短嘆。看著各式各樣的點心和菜餚，完全沒有胃口。如今老國王終於意識到，鹽巴到底有多貴重，同時非常懊惱自己竟然沒能理解小女兒說的話，還把可憐的孩子趕出了皇宮！

此時在遙遠的山林中，老婆婆慈祥的對瑪洛莎說：「我的好孩子，你該回家了。」

「親愛的老奶奶，我怎麼還能回家？爸爸已經不要我了。」說著，熱淚湧上了瑪洛莎的雙眼。

「不要哭，好孩子，在你的國家，如今鹽巴可比金子貴重得多，你可以勇敢的去見父親了，」老婆婆接著說：「你為我做了很多事，現在我可以滿足你任何願望。好孩子，你想要什麼？」

「您在我最無助的時候收留了我，教會我那麼多本領，我親愛的老奶奶，我什麼也不要，請您給我一小罐鹽巴，讓我拿去送給爸爸。」

「你這樣珍惜鹽巴，那我祝願你一輩子都不會缺少它。」老婆婆拿出一小罐鹽巴和一根金色的小樹枝，遞給了瑪洛莎。她說：「只要你隨著微風走，經過三個山谷，爬過三座山峰，你會看到一片森林。用金樹枝抽打地面，地面就會打開，那裡所有的東西都是我送你的嫁妝。」

瑪洛莎戀戀不捨的與老婆婆辭行，當她想再次向老婆婆致謝的時候，身後的小木屋卻已不見了蹤影。

小公主再次返回皇宮的時候，樸素的衣服沾滿了泥土，頭髮也散落下來，城門口的士兵不許她進去。

「請你們讓我去見國王，」瑪洛莎堅定的說，「我給陛下帶來了比金銀珠寶都貴重的良藥。」於是她很快就被帶到國王跟前，但國王並沒有認出眼前披頭散髮的女孩。

女孩首先向國王陛下討麵包與鹽巴，老國王深深嘆了一口氣，「麵包倒是多得很，可是鹽巴……沒有一丁點。」

「現在沒有的，不一定一直沒有。」說著，瑪洛莎用刀切下一片麵包，在麵包上輕輕搖了一下小罐子，然後遞給了國王。

「鹽巴？」國王喜出望外的叫起來，「你說！你想要什麼，我都樂意賞賜給你！」

「我不要任何賞賜，只希望爸爸您也能像愛鹽巴一樣愛我！」瑪洛莎撥開了額頭上的頭髮，仰起頭微笑的望著老國王。

老國王激動得再也說不出話來。瑪洛莎上前緊緊的摟著爸爸，輕聲說：「一切都會好起來！」

她手上神奇的小鹽罐，有

倒不完的鹽巴，從皇宮到每一戶百姓家都分到了足夠分量的鹽巴。全城的人歡呼雀躍，由衷感謝小公主為他們帶回了最珍貴的禮物。

瑪洛莎告訴父親，她從老婆婆那裡學到了許多本領。第二天，她和國王帶著老婆婆送她的金色小樹枝，順著微風的指示，來到了一片濃密的森林。她用樹枝敲打地面，地面緩緩打開，一片銀白色的寶庫在眾人面前閃閃發亮，裡面的一切都是鹽巴做成的。

老國王這時親眼看見，老婆婆為小公主準備的嫁妝原來是一座壯觀的鹽礦，永遠取之不盡，用之不竭。

## 故事好郵趣

自古以來，斯拉夫民族包括烏克蘭、捷克、斯洛伐克、塞爾維亞、波蘭等國，有一個獨特的待客傳統：主人準備一個剛烘焙好、大大的麵包，等客人到來的時候，就用刀切下一片，再撒上一點點鹽巴，雙手恭敬的遞給客人，以此表達對來賓的珍視與敬重，這是斯拉夫民族歡迎賓客最熱情的招待。

為什麼鹽巴對斯拉夫民族如此重要？因為自古以來，斯拉夫民族大都住在遠離大海、緯度高而且寒冷的地方，很難直接從海水中提煉鹽巴，而國境內稀少的鹽礦又被皇家貴族獨占，因此長久以來，斯拉

夫民族一直很珍視鹽巴。

斯洛伐克從十六世紀起，開始從礦石中提取鹽巴。人們從地中掘出深達一百五十五公尺的鹽井，並完成洗鹽的工序，後來更在鹽井上方蓋起鹽倉。二〇二一年，斯洛伐克就曾以中歐最大的鹽倉發行過郵票（圖2-1），這是「技術遺跡」系列郵票中的一枚。票面中這座鹽倉自古就以質量極高的鹽巴著稱，而且它所擁有的技術設備，至今被完好保存。

圖2-1　2021年以中歐最大鹽倉爲主題的原圖卡，所謂原圖卡是一種結合明信片、郵票和郵戳的集郵品。（周惠玲收藏）

而篇首的郵票，則出自一九七五年（捷克斯洛伐克共和國時期）發行的民俗郵票（圖2-2），一套四枚。繪圖者是捷克畫家斯洛芬斯基（Karel Slovinský），他曾為許多兒童文學作品插畫。

這裡為大家介紹兩套首日封。所謂「首日封」是指在新郵發行首日，將該套郵票貼在特製信封上，蓋上當天郵戳或紀念戳。這兩套首日封分別蓋了「布拉格」（Praha）與「布拉提斯拉瓦」（Bratislava）銷戳。這

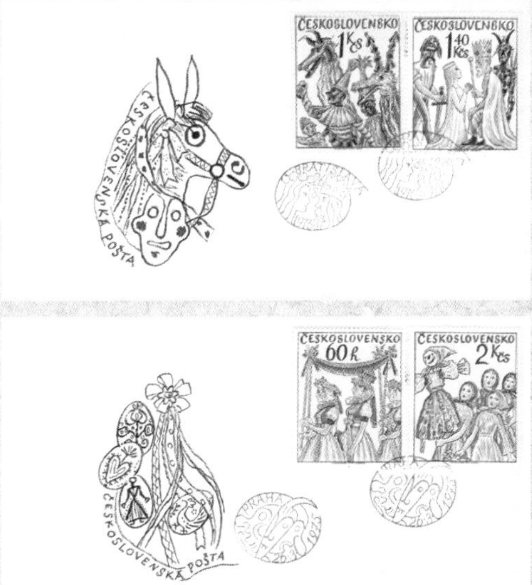


圖2-2　1975年發行「民俗節慶」主題郵票，兩套首日封上分別蓋了「布拉格」與「布拉提斯拉瓦」郵戳。（周惠玲收藏）

兩座城市是共和國時期的兩大文化、政治與經濟中心。一九九三年，當捷克和斯洛伐克分開獨立建國時，兩座城市也成為了各自的首都。

蓋有「布拉提斯拉瓦」戳的首日封上，除了篇首這枚郵票是以民俗戲劇表演為主題，另一枚則以傳統習俗「三皇節」為主題。三皇節是每年一月六日的宗教節日，它的由來是當年耶穌基督誕生，從東方來的三位賢人一起來祝賀的場景，每年這天也是聖誕節長假與新年元旦慶典結束的日子。

而蓋有「布拉格」戳的這一套上，左邊是鄉村女孩出嫁的盛大場面，凸顯女孩子們身上的民俗服飾。右邊則是迎接春天的主題，每年開春，村民們會共同把一個象徵晦氣的稻草娃娃扔進河中，任其隨波漂遠，象徵告別上一年的晦氣，迎接春天的到來。

# 牆上的神祕畫像

2007年的這枚郵票，不但見證了斯洛伐克首都的演變，更隱藏了一個神祕傳說……

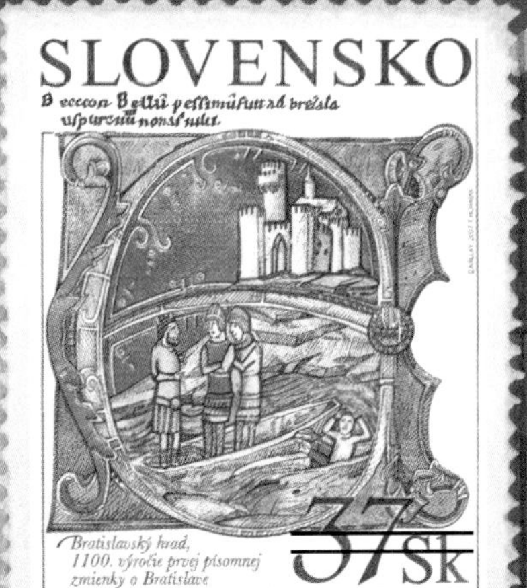

斯洛伐克的首都布拉提斯拉瓦，古時候被稱作「布雷斯堡」，城中有一座市政廳大樓，就坐落在現今舊城區主廣場的教堂塔樓下方。

關於這棟大樓，有一個神奇的景象：大樓拱門上方有一幅小小的畫像，歷經幾百年，不論風吹雨打、粉刷或整修，始終清晰的印在牆上。

有人說，這幅神祕畫像是「魔鬼」留下的，而這故事得從八、九百年前說起……

接近中午的時候，有一位穿著喪服的婦人滿臉愁容走進

了市政廳的法庭。
「求你們幫幫我……」婦人話還沒說完，就忍不住痛哭失聲。
「不要哭，說說你遇到了什麼事？」市長安撫情緒激動的婦人，於是婦人深吸幾口氣，開口說：
「一週以前我才安葬了我的丈夫。本想上帝不會拋

棄我，畢竟我還有一小塊地，不論多麼辛苦，總還是可以養活自己和四個孩子。我請了一個短工，打算去田裡種小麥。哪知我們來到田邊，竟看到了好幾位陌生農夫！他們把我家那塊小田與鄰居家的大田合併一起撒種。鄰居是位大人物，他竟然說那不是我家的田地，而是屬於他！」

「這位大人物是誰？竟然把你家的田地占為己有？」市長皺著眉頭問。

「他就坐在陪審團中！」婦人滿目怒火，用手指向市長身後的陪審團成員。

被指認的那位先生無辜的抿嘴一笑。

他是一位大富商，地位尊貴，今年已經是第四次入選城市法庭的陪審團。大家都知道，他擁有大片的葡萄莊園和耕地，就連正在發酵的麵糰也比不上他手中財富的擴張速度。他怎麼可能會去侵占寡婦那一小塊可憐的耕地？

「尊敬的先生，你對這項指控有什麼要辯解的嗎？」市長問他。

這位富商起立，一身剪裁合宜的黑色禮服，脖子上戴著金項鍊，看起來高貴又令人敬重，即使此刻被指控，他臉上依舊掛著微笑。

「尊敬的市長，不容玷污的法庭，」他用鄭重的語調

說：「這位婦女很明顯是誤會了。她說的那塊田地，原本就是我的，幾年前她丈夫曾幫我做過事，我把這塊地借給他耕種作為獎勵。如今他已經往生，我只是拿回原本就屬於我自己的財產。」

「他撒謊！」婦人憤怒的大叫，「我公公曾經在這塊田地上耕種，更早的時候，我公公的父親也曾在這田中辛苦的勞作。鄰居都可以作證，這塊地一直屬於我們家！」

「可憐的女人，她有些神智不清了。」這位大人物一邊用平穩的語調說，一邊伸手打開隨身的公文包，只見他在一疊文件中翻找，最後取出一張紙遞給了市長。

「這是地契，可以證明這塊地屬於我。」

市長的目光掃過文件內容，用手指觸摸了金屬印章的凸起，點了點頭。接著，陪審團的成員們也互相傳遞這份文件，紛紛點頭。沒一會兒的工夫，所有陪審團成員都看過地契了。

「這份地契完全可以證實，」市長開口說，「土地的確屬於我們這位陪審團成員，而你這位婦人竟敢在整個法庭面前誹謗他！現在就看他是否要追究你的罪責。」

那位陪審團成員從高處低頭看著這個婦女，就像在看一隻爬到自己腳下的可憐螞蟻。是讓牠活在世上，還是一腳踩死呢？

「地契不可能是真的，一定是他偽造的！」婦人聲嘶力竭的大喊，「讓他對這份地契發毒誓！如果他敢對聖十字架發毒誓，保證這份地契是真的，那我就認了！」

市長望著陪審團的成員們，大家一致點頭同意。

「法庭請你宣誓，先生。」

大人物從容不迫的起身，邁著穩重的腳步，走到了放置聖經的書桌旁邊。

「我對著萬能的主發誓，」他的聲調沉穩，甚至比鋼鐵更堅定，「我說的一切全是事實，如果我有說謊，那就讓我接受最公正的審判。」

話剛說出，室內一片靜寂，隨後房屋開始劇烈晃動，戶外陷入漆黑，而法庭牆壁上裂出大開口，魔鬼竟然直接從牆

中走出來，他就像是見到了老朋友那般親切，伸手抓住了宣誓臺旁的那位大人物。

「我早就知道，你一定會是我的！」

魔鬼哼唱著得意的曲調，迅速推著這位已經驚呆的大人物衝向牆壁，隨即牆壁又恢復原狀。

大廳中還翻滾著魔鬼留下的濃煙和臭氣，所有目睹這一切的人都嚇得目瞪口呆，過了好一陣子，大家才像大夢初醒般，推擠著跑出市政廳。當他們來到市政廳的拱門底下，正在喘氣時，忽然有人指著一處驚叫起來。大家順著他手指的方向一看，也不禁倒吸了一口冷氣。

在魔鬼推著大人物穿過的那堵牆壁上，清晰的留下了一幅畫像：黑色的禮服、修整的鬍鬚、高高的額頭。所有人都立刻認了出來。就是他，那個滿嘴謊言的大人物！

直到現在，那幅畫像仍然留在那裡，冥冥中似乎有一股力量，警示著一代又一代的人，千萬不要懷疑，這個世界上真的有魔鬼存在。

## 故事好郵趣

根據考古學家推斷，斯洛伐克的首都布拉提斯拉瓦，已經有兩千五百年的歷史，雖然文字記載比較晚，但也有一千多年。篇首所看到的郵票，就是二〇〇七年時為了紀念它有文獻記載一千一百週年而發行。

從這枚郵票的小全張（圖3-1），可以看見首都的地標建築四角大城堡、城堡前方的多瑙河，以及耕種的人們。這枚郵票連同小全張的設計者，是斯洛伐克著名的國寶畫家杜桑·凱利（Dušan Kállay）。

布拉提斯拉瓦在不同的歷史時期，有不同的名字，正如我們在小

全張票邊圖案上看到的那樣；而「四角大城堡」也是在各個時期逐步建造完善，才有了今日的模樣。

圖3-1　杜桑．凱利所繪的郵票小全張，2007年發行，紀念布拉提斯拉瓦城有文字記載1100年。（周惠玲收藏）

老市政廳位於首都老城廣場一側，拱形大門上方那幅「魔鬼的畫像」，伴隨幾百年來流傳的傳說，成為每一位到訪布拉提斯拉瓦的遊人必來打卡的景點。

這枚發行於二〇一八年的郵票（圖3-2），是為紀念布拉提斯拉瓦老市政廳改為首都市博物館一百

圖3-2　2018年以老市政廳爲主題的郵票首日封，左邊有城市市徽。（梁晨收藏）

五十週年，由杜尚・那戈爾（Dušan Nágel）繪製，他也是一位國寶級的畫家。首日封左側是布拉提斯拉瓦的城徽。斯洛伐克和其他歐洲國家一樣，除了貴族的大家族會有國王欽點的家徽，各個大小城市也有國王頒給的城徽和城旗，這在封建時代是無上的榮耀。

如今，老市政廳大樓是國家葡萄酒博物館，裡面陳列著幾百年歷史的釀酒工具，但老市政廳的拱形吊頂以及許多木製家具，依舊保留在那裡。當人們徜徉在厚重石牆修葺的大廳之間，會聽到清脆的腳步聲，在幾百年前，這座老建築裡也是人來人往，熱鬧極了呢！

# 義賊與巫婆

這不僅是一枚1996年的郵票，更是一部將近百年的電影！

「糟了！」一個年輕人仰頭，看著巨大樹叢當中小小的天空。

天色漸漸暗了，可是他已經在原地打轉了好幾遍，就是走不出這座茂密森林。這位年輕人是一個大學生，放假準備回家，卻在穿越森林的時候迷了路。

只見他身手矯捷的爬上

一棵筆直的紅松，想看看森林的出口在哪裡。哪知森林一望無際。不過，他卻意外發現不遠處有一間小木屋，還冒出裊裊炊煙呢。他脫下帽子，往那個方向拋過去，好為自己指路。就這樣，年輕人來到了木屋前。

從小木屋的窗戶透出燭光，他敲敲門，不等回應就走了進去。

一位老婦人坐在搖椅上，吃驚的看著年輕人，「你一個人來這裡做什麼？」

「我是一個大學生，放假要回家，不小心迷了路。老婆婆，請您發善心留我在這裡過一夜。」

「不行，你不能留在這裡，一會兒我二姐就要回來，如果被她看見，你一定會被變成掃帚。」

年輕人大吃一驚，原來自己竟然走進了遠近聞名的巫婆木屋！不過他一向天不怕地不怕，而且真的太累了，於是對老婦人說：

「不管怎樣，我都要留下來，因為我實在走不動了。」

老婦人點點頭，就讓他留了下來，還請他吃了可口的晚餐。然後讓他藏到已經熄火的灶臺後。沒過

多久，窗外飛回了一位更老的婦人。她剛跳下掃帚，就皺皺鼻子，大聲問：

「嘿！我們家裡怎麼會有陌生人的氣味？快出來！」

「哎，看來躲不掉了，你出來吧！」老婦人對著灶臺說。

巫婆二姐走到屋後灶臺，看到原本滿地亂丟的木柴被整整齊齊放牆邊，再打量站在一旁的年輕人，點了點頭，邀他一同吃晚餐。原本沒吃飽的年輕人就開心的再次享用了美味的飯菜。這時，巫婆二姐說：

「我們不能留你在這裡，因為過一會兒，我們的大姐會回來，她受不了陌生人的氣味，一定會把你變成她的獵犬。」

「不論怎樣，我都要留下來，因為我實在太累了。」年輕人看著第二位巫婆，一點也不害怕。

於是，巫婆姐妹只好讓他躲到酒窖去。沒多久，從窗外飛回了最老的巫婆。她剛飛進木屋，立刻大叫起來。

「家裡怎會有陌生人的氣味？快帶我去把他找出來！」

二巫婆和三巫婆只得帶大巫婆來到酒窖。原本布滿蜘蛛網的酒窖，現在卻乾淨又整齊，橡木桶也被擦拭得晶亮，空氣中

還聞得見淡淡酒香。大巫婆心中很滿意，一眼瞥見睡在地板上的年輕人，就回頭對妹妹們說：

「我們用燒紅的木炭放在他他身上，如果他能忍受疼痛沒醒來，那將來一定會是個大人物。」

年輕人其實並沒睡著，大巫婆的話他一字不漏聽著，於是，當巫婆們在他身上擺放燒紅的木

炭時，他強忍著皮膚灼傷的疼痛，直到木炭熄滅。

三位巫婆紛紛點頭，「了不起的男子漢，我們來幫助他成為義賊吧，讓他去打擊壞人，幫助窮人！」

原來，那時候在斯洛伐克北部山區的城堡中，住著一位貴族伯爵，方圓百里內都是他的土地，他對待為他耕種的農民非常苛刻，自己卻收斂了大把的財富。普通百姓的生活非常辛苦。

「我送他一把斧頭，」大巫婆說，「只要舉起斧頭，就可以急速奔跑到三里之外，逃離任何人的追捕。」

「我送一件襯衫，」二巫婆接著說，「穿上去就有無窮

的氣力。」

「我送他一條腰帶，」三巫婆最後說，「讓他有過人的智謀。」

隔天早上，三位巫婆把禮物送給年輕人，並對他說：

「這三樣寶貝可以保護你的安全，但你要答應我們，做一個鏟奸除惡的義賊。」

年輕人謝過三位巫婆，把斧頭別在腰間，將襯衫和腰帶穿在學生制服下面，就走出了木屋。明亮的日光中，出現一條小路，他輕鬆的走出了大森林。

快接近城堡時，遠處奔來了一隊車馬，再一看，原來竟是那位伯爵的馬車。

只見馬車橫衝直撞，撞到路人也不停下來。於是年輕人腦中有了點子，他閃進路旁的小麥田，脫下學生制服走了出來，等馬車靠近就大喊一聲：

「站住！你們要去哪裡？」

「伯爵大人要出門去買牛買馬，快滾開！」騎在馬上的兵士說。

「錢袋交出來！否則別想過去。」說著，年輕人舉起斧

頭向兵士砍去。他並沒有砍人，只是一路往前衝，直直穿過士兵，逼到馬車前，車裡的伯爵大驚失色，渾身顫抖著把金幣交給了眼前的強盜。

不過，伯爵怎麼會甘心被搶？當年輕人一轉過身，伯爵立刻命令隨從發動攻擊。但年輕人卻像是刀槍不入似的，隨從手中的短劍竟然折彎了。

伯爵氣得呼叫所有士兵圍住年輕人。哪知年輕人揮舞著斧頭，轉眼就不見了蹤影！

後來，年輕人離開了自己的家鄉，來到東部茂密的山林地區，當起一位劫富濟貧的義賊。他總是把搶來的不義之財

分為兩份，一份分給窮苦人，例如市集上那些赤腳賣菜的老婆婆、年老力衰的老農夫、無家可歸的流浪漢、無依無靠的孤兒寡母……等，另一份則埋在森林中某個地方。

在行俠仗義的幾年間，他受到窮苦人的愛戴，卻也被為富不仁的貴族記恨。他的敵人們一直希望捉到他。年輕人唯一的缺點是喜歡喝酒，在他二十五歲那年，有

一次喝醉酒，被親信偷走神斧、扒下了襯衫和腰帶，然後通報給一直想捉拿他的貴族們。聽說，這位著名的義賊後來就被法庭處死。但也有傳說，他被有正義感的獄囚偷偷放走了。

不管怎樣，關於這位義賊的種種傳說，至今仍然流傳在斯洛伐克民間，每當有不公義的事情，大家就會期待他能出現，拯救窮苦的人，而他所埋藏的金錢，使用過的斧頭、襯衫和腰帶，也成為傳聞中的寶藏……

## 故事好郵趣

故事中的主角，名叫楊諾什克（Jánošík），是斯洛伐克最著名的「綠林好漢」，正如臺灣的廖添丁一樣，他不是文學中的虛擬人物，而是歷史有記載的真人。

幾百年來，民間盛傳著關於楊諾什克的傳奇故事。他受歡迎的程度有多大呢？從一七八五年到二〇一九年，總計有六十五部文學作品、十部電影、連續劇以及三部歌劇和一場芭蕾舞劇，以他為主角。篇首這枚郵票，正是取材自以他的生平所拍攝的電影。這套郵票是一九九六年斯洛伐克郵局為了紀念斯洛伐克電影工業一百週年發行的，而票面

主題選擇楊諾什克（圖4-1），可以知道他的重要性了。

一九九八年還曾以他的家鄉傑爾厚瓦（Terchová）為主題發行郵票（圖4-2）。當年這枚郵票剛一面世，隨即獲得兩個重量級獎項：一個是「維也納國際郵票展（WIPA）」第三名；另一個是斯洛伐克交通部評選的「年度最美小全張獎」。郵票圖案的原作是出自著名畫家本卡

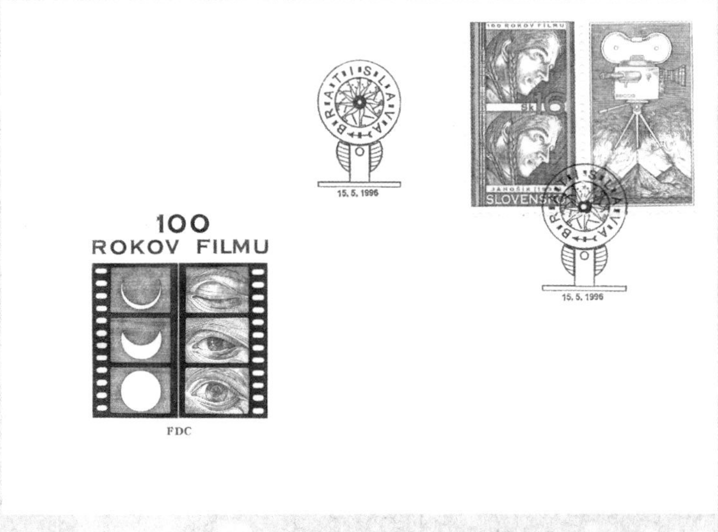


圖4-1　1996年紀念斯洛伐克電影工業一百年，發行以楊諾什克電影爲主題的郵票首日封。（周惠玲收藏）

（Martin Benka），創作於一九三六年。他被視為二十世紀上半葉斯洛伐克現代藝術的奠基人，他用雄渾的筆觸描繪祖國的大好河山，透露出他對斯洛伐克土地、自然風光與人民的熱愛、崇敬。本卡也對斯洛伐克民俗學深有研究，他敏銳捕捉傳統民俗文化中的美學元素和人物形象，把斯洛伐克國家的形象以及斯洛伐克人單一個體

圖4-2　以楊諾什克故鄉爲主題的郵票，1998年發行，並榮獲「年度最美小全張」。（周惠玲收藏）

的特徵，融入自己的作品，凸顯了斯洛伐克的藝術特色。

義賊楊諾什克的家鄉，山川秀麗，風景如畫，然而氣候寒冷，土地貧瘠，不易耕種，自古以來就是一個生活艱辛的地方，正是這樣的地理環境才長出一位天不怕地不怕的傳奇人物。

# 白夫人露西亞

夢想創業的小夥子遇見了女神，她應許的葡萄莊園，就在這枚2021年的郵票當中……

當冬季降臨，斯洛伐克的白晝變短，黑夜也越來越長。每天晚上，老城的小酒館「綠房子」總是擠滿了客人，非常熱鬧。每位客人都會點上一兩杯葡萄酒，喝得臉頰紅撲撲的。但只要大鐘敲響，所有客人都會快快結帳，因為城門即將關閉，大家都得盡早趕回家去。

這天晚上也是如此，客人們一聽到鐘聲，轉眼間走得乾乾淨淨，只剩下年輕的酒保文祺還在忙，他把桌上的酒杯拿回廚房，接著又清掃了一遍地面，鎖好了店門，然後也要準備回家了。這位年輕人非常認真盡責，臨走前還特意走向酒窖，檢查一下是否有上鎖。「文祺啊，你每天認真工作到這

麼晚，何時才能擁有自己的事業？」文祺想到自己的前途，十分無奈。

正想著，他突然看到酒窖的木門半開半掩，裡面有亮光。他趕緊推開門探頭望了望。這一望可不得了！橡木酒桶邊竟有一位身穿銀白色長洋裝的女子，正在各個酒桶之間走

來走去，手中還拿著玻璃杯呢。

只見她從一只酒桶中倒出葡萄酒，品嘗了一口，搖搖頭自言自語說：「不是這個味道！」她再從下一只酒桶中倒酒，又嘆氣說：「這個也不是！」

文祺覺得很納悶，怎麼會有女賊穿成這樣來偷酒？不管了，反正老闆早有交代：「遇到小偷，不論男女，一定要從他身上扯下點證據！」

文祺躡手躡腳靠近女賊，迅速從背後扯下了她的銀線頭巾。女子轉過臉來，滿頭銀絲般的頭髮披散在肩上，像綢緞般閃閃發亮，而且她的眼睛泛著藍白色的冷光。

「年輕人，你的膽子可真不小啊！」她微微一笑，「不過我喜歡，你叫什麼名字？」

「文祺，冬天我在酒館幫忙，夏天我在葡萄園幹活。」

「那你也幫幫我，文祺。你知道的，明天就是露西亞日，也是我的命名

日……」

「露西亞！你是白夫人露西亞！」文祺失聲大叫。

「不錯，正是我。也有人叫我『冬天女神』，但白夫人聽起來更美一些，對吧？」她又笑起來，「每年命名日時，我都會用瑪爾瓦亞（註：一種綠葡萄釀的甜酒）宴請賓客，可今年我已經走了三家酒窖，都沒找到美酒！」

「所有的瑪爾瓦亞都為了女王的加冕儀式被獻出去了，」文祺解釋著，「其他品種的葡萄酒也很好啊，比如……」

「我只要瑪爾瓦亞！」白夫人跺腳，瞬間滿頭銀髮紛紛飄起，深藍色眼睛放出冰寒光芒。

文祺嚇得渾身發抖，他靈光一閃，趕忙說：「等等，我知道還有一桶，就在那邊的角落。那一只橡木桶比較小。」

「那我就不客氣嘍！」白夫人很開心。她輕而易舉的將木桶變小，捧在掌心，和藹的對文祺說：「謝謝你的幫助，文祺。」

「那酒錢呢？」文祺趕忙問，「你拿的這桶酒好貴，老闆會扣我三個月的工錢！」

白夫人聽了微微一笑，「你們那些叮噹亂響的金屬片，

我才不會隨身攜帶。」

文祺望著白夫人，面紅耳赤的說：「這桶酒不是我的！如果我有自己的葡萄酒莊，一定免費送你。但我永遠不會有自己的酒莊啊……」

「如果有一天，你擁有了自己的葡萄酒莊，那你會怎麼做？」白夫人的嘴角微微上揚。

「那我每年露西亞日都會送你一大木桶瑪爾瓦亞，白夫人。」

白夫人點點頭，「好，文祺，我記住了你的話。你手中有我的銀絲頭巾，你可以用它買下後山的葡萄莊園。」

「後山？那裡不是大岩石嗎……」文祺忍不住撇撇嘴。

「你相信我就是了。」白夫人說完就消失了。

當文祺回過神，他已經站在酒窖門口。若不是看見手中閃閃發亮的銀絲頭巾，真會以為自己剛才在做夢。

果然，酒館老闆一得知自己珍藏的美酒不見了，氣急敗壞的叫他賠償三個月的工錢。

但文祺不介意，他開始執行自己的計畫。等到週日教堂舉辦彌撒的時候，他將

白夫人的銀絲頭巾當成圍巾圍在領口。當他走進教堂時，所有年輕女孩都把頭轉過來，目不轉睛的盯著他的圍巾看，包括酒館老闆的女兒阿琳娜。

彌撒結束後，酒館老闆娘嚴厲的教訓自己女兒，「大家閨秀，你一點規矩也沒有，怎能盯著一個打工酒保看？」

阿琳娜辯解，「是那條銀絲頭巾太美了，彷彿有一股神奇的魔力，讓我的目光根本不能移開。我一定要買下那條頭巾！」老闆娘心想，這條頭巾這麼有魔力，女兒若戴著它被貴族相中，那不就太好了？

當天晚上，酒館老闆就對文祺說，他想購買銀絲頭巾。

文祺故意猶豫了一番，然後表示，希望獲得後山的那塊地。

酒館老闆聽了，心中大喜。後山那片土地上到處是大岩石，對自己的葡萄酒莊沒有任何益處，如果可以換取銀絲頭巾，那不就大賺了！

過了幾日，老闆就把市政府公證的地契遞給文祺，交換了銀絲頭巾。文祺滿心歡喜的告訴眾人，他準備在後山開闢出葡萄莊園。

「你腦子還正常吧？那裡全是堅硬的石頭！」大家都笑他。

但文祺沒有氣餒，他每天都帶著鋤頭去後山，直到春暖花開的某一天，白夫人突然現身在文祺面前，滿頭銀髮在風中飛舞，滿地的大岩石竟然紛紛裂開，一塊一塊的飛上天空，消失不見，而肥沃的黑色土地顯露了出來。

「別忘了你的承諾……」說著，白夫人再次從文祺眼前消失。

文祺望著腳下屬於自己的土地，無比感恩與激動。接下來的工作對他而言，簡直如同小菜一碟，他在地上打樁，將葡萄幼苗一株株栽進土裡。簡直如同做夢一般，他終於有了自己的葡萄莊園！

辛勤的文祺不但獲得了莊園，後來也娶回了阿琳娜，開始了幸福的生活。他從未忘記自己的諾言，每年十二月十三日，露西亞日那一天，他都會準備好一大桶瑪爾瓦亞，獻給白夫人。

## 故事好郵趣

本篇故事篇首的郵票，彷彿為讀者打開一扇小窗，讓大家穿越時空，望見幾百年前的布拉提斯拉瓦城，以及它四周一望無邊的葡萄莊園。

這枚郵票發行於二〇二一年，票面正是本篇故事發生的場景。原圖出自瑞士版畫家梅里安（Matthäus Merian），因此首日封上（圖5-1）附有梅里安的畫像，郵戳則是原圖中的一位旅人。像是在說，當一位外國旅客來到這裡，看見了何等美麗的畫面。

斯洛伐克有許多和葡萄酒文化息息相關的民俗，例如每年秋季，

眾多葡萄酒莊會聯合舉辦品酒日，民眾可以前來品嘗現摘的新鮮葡萄，也可以走訪酒窖，啜飲剛剛開始發酵的「新葡萄酒」或陳年佳釀。難怪二〇〇二年，斯洛伐克郵局會發行一套兩枚——以葡萄酒釀造工藝以及釀酒工具為主題的郵票。

特別的是，兩枚郵票各附有一枚無面額的附票，表現出傳統釀酒過程。第一枚郵票的

圖5-1　以梅里安繪畫爲畫面的郵票首日封，表現出布拉提斯拉瓦城附近的大片葡萄莊園，2021年發行。（周惠玲收藏）

首日封上（圖5-2）可以看見釀酒的初級工序：將新鮮採摘下來的葡萄，成串投入木製大桶，幾人合力將葡萄搗碎。第二枚郵票的首日封上（圖5-3）則是下一階段的釀酒工序：葡萄原汁「穆什特」（mušt）被汲取出來，放入另外的容器中或裝瓶，等待自然發酵，然後被運到市集新鮮出售。兩套首日封上還分別繪有酒神和聖烏

圖5-2　2002年發行，以葡萄酒釀造工藝爲主題的首日封之一，信封左側是酒神手繪圖。（梁晨收藏）

爾班（葡萄莊園的守護神）。

如今，在布拉提斯拉瓦的「國家葡萄酒博物館」（也就是〈牆上的神祕畫像〉故事裡的舊市政廳，參見第五十六頁），展示著許多歷史悠久的釀酒器具以及古早橡木桶，也有專人為遊客講述從羅馬帝國時代傳承下來的葡萄酒釀造步驟，十分有趣。

圖5-3　2002年發行，以葡萄酒釀造工藝爲主題的首日封之二，信封左側是手繪的聖烏爾班肖像。（梁晨收藏）

# 騎士與龍

2011年這枚郵票，不只訴說一位英雄屠龍的故事，還是一個城市的興起……

很久很久以前，布拉提斯拉瓦城堡還只是一座小堡壘，由一位老國王統治著。

在城堡的東方，有一片藍色石頭形成的峭壁，當地人稱為「湛藍石林」。湛藍石林藏著一隻三頭龍。最初牠只是一條小蛇，沒想到過了一兩百年後，就像老樹抽出新枝枒，牠竟然長出了兩個頭和一對翅膀。從那時起，牠變成人人害怕的怪獸。

每年春天，牠就鑽出冬眠的洞穴。巨龍一躍就能騰空，眼裡冒著火光，利爪一抓，大樹連根拔起，大嘴一張，人和農作物都被吞噬。

老國王向全國宣告：如果有誰能除掉惡龍，就能迎娶國王三個公主中的任何一位，並獲得半個國家作為陪嫁。

但是，沒有人來響應國王的號召，因為這個國家的年輕人都在之前的戰爭中陣亡了。

在這同時，深山裡住著一位老隱士。有一年春天，隱士從山洞裡出來，看見遠方山腳下的樹木全被拔起，房子全被燒毀，人們正在哭泣。老隱士又望向湛藍石林，有一條巨龍正開心的露著肚皮在晒太陽呢。

老隱士嘆了口氣，自言自語：「我得去找龍聊一聊。」

他穿上修士的黑袍，走到龍身邊，「強壯的巨龍，您好！」

龍伸伸懶腰，爪子張開又收攏，三顆腦袋一起搖晃，牠說：「幹麼呢，黑老頭兒？」

「強大的三頭巨龍，我想請問您，為什麼要糟蹋這片土地，還讓那麼多人哭泣？」

龍剛吃飽，心情正好，而且老隱士的尊敬稱呼也讓牠聽得很舒服，所以牠回答：

「小老頭兒，如果你也像我一樣睡了一整個冬天，起床

後肚子空空的，肯定也會像我一樣，想活動活動筋骨，狂吃一頓。」

「我要是您的話，肯定會提前準備好食物。」

龍哈哈大笑。

「我們龍才不會提早準備吃的呢。不過，你的建議也不錯！如果你們人類能在春天給我準備點什麼，比如說……年輕貌美的姑娘，那我就不用這麼費力了……老頭兒，你回去告訴大家！」

老隱士還來不及說什麼，巨龍翻了個

身，開始打呼睡覺了。

老隱士很無奈的前往城堡，告訴老國王那條惡龍提出的要求。

國王馬上召集所有大臣，從早上一直討論到第二天，然後又到了第三天。這要求實在是太過分了，可是又能怎麼辦呢？

之後的每一年春天，人們就抽籤選出一位姑娘，然後哭著把姑娘送到湛藍石林獻給惡龍。老隱士在湛藍石林的巨石上，默默的刻下了每一位姑娘的名字。

一轉眼，已經有十一個名字了。

這一年，被抽中的是老國王的小女兒杜布拉芙卡，老國王傷心欲絕，但又能怎麼辦？

他們為杜布拉芙卡穿上了盛裝，扶她坐進了金馬車，送她啟程去湛藍石林。國王和王后一路哭得肝腸寸斷，而沿路也不斷有人加入，大家一同放聲大哭，整個國度都在哭泣，哭聲直傳天際，也驚動了一位路過的騎士。他身穿閃光盔甲、紫色披風，騎著一匹灰色寶馬，馬鞍旁還掛著戰斧。

「怎麼回事？」騎士問：「大家怎麼像參加葬禮似的？」

「你往前去問就知道了。」每個人都這麼告訴他。

騎士從隊伍一路往前問，最後來到金馬車旁。他看見了杜布拉芙卡，她就像一朵盛開的玫瑰花，同時他也看到了哭泣的國王夫婦。

「這是怎麼了，怎麼大家都在哭？」

「騎士，你一定是從遠方來的。有一條惡龍，要我們每年春天向牠獻上年輕的姑娘。你看看岩石上那些名字，都是以前犧牲的姑娘。」老國王指著湛藍色的岩石，「很快的，我女兒杜布拉芙卡的名字也會刻上去了。」

「我不許這樣的事發生！」騎士大聲說，他握緊戰斧，

騎著寶馬奔向湛藍石林，找到了惡龍棲息的山洞。

「大龍，給我爬出來！」騎士大聲說。

「誰？竟敢在我的山林裡這麼大聲？」

惡龍噴著火焰咆哮著，爬出山洞。

騎士揮著戰斧砍向惡龍，一下子就削掉了牠的一個腦袋。巨龍疼得大叫一聲，整個山谷彷彿也跟著顫抖。牠剩下的兩個頭朝騎士噴出火焰和濃煙，打算用火舌把騎士燒成灰燼，至少用濃煙燻瞎他的雙眼，但騎士靈活的策馬繞到惡龍身後，用巨石砸向牠的第

二顆頭。那顆頭痛苦的扭轉了幾下，血不斷湧出，最後就無力的垂下來。

惡龍叫得更慘烈，整個湛藍石林也發出巨大回音！接著，第三顆龍頭噴出猛烈大火，燒向騎士全身，紫色披風被燒焦了，金屬鎧甲也快被熔化……騎士的寶馬飛奔起來，騎士又舉起一塊巨石，迅速砸向惡龍的第三個腦袋。惡龍大口喘著粗氣，翅膀縮成一團，尾巴也耷拉下來。牠的嘴裡噴出了大量鮮血，沒一會兒，就沒了聲息。

騎士策馬跑向了正在峭壁下等他的人們。

「惡龍死了，」騎士說。

歡呼聲響徹雲霄，人們奔相走告，巨大喜悅蔓延開來，不知從哪裡冒出了許多裝著葡萄酒、啤酒和蜂蜜甜酒的大橡木桶，大家要好好慶祝一番。

「現在，英勇的騎士，請告訴我們你是誰。」老國王問道。

「我是尤拉伊騎士，尊敬的國王陛下。我在世界各地旅行，除惡揚善，打抱不平。現在我要回我自己的城堡了。」

「是你讓歡樂和幸福重回這個王國，」老國王說道。

「我早已許諾獎勵：娶我女兒，並以半個王國做嫁妝。」

「這個獎勵太讓我喜出望外了！」騎士說。杜布拉芙卡

也是滿心歡喜，做夢也沒想到是這樣的結局。

「但我不需要半個王國，」尤拉伊騎士繼續說，「國王，謝謝您。我自己的領地就已經足夠了。」

「你是真正的騎士，英勇又不求回報，」老國王感嘆的說：「我要在這片你曾奮戰過的湛藍石林，建立一座城市，永遠紀念

你。」

在一片歡聲笑語中，眾人走回布拉提斯拉瓦城堡。盛大的婚禮過後，尤拉伊騎士帶著漂亮的新娘，回到了自己遙遠的國度。

湛藍石林旁只留下了老隱士一個人，他在藍色石壁上刻字。這回不是第十二個女孩子的名字，而是「尤拉伊，四月二十四日」。

刻完了字，老隱士又返回了自己的山洞，從此再也沒有下過山。

## 故事好郵趣

篇首這枚郵票，來自二〇一一年發行的一套首日封（圖6-1），郵票以「聖尤爾城」為主題，屬於「斯洛伐克文化遺產」系列郵票之一。

斯洛伐克人從沒忘記對尤拉伊的紀念，不但建造了一座以他為名的聖尤爾城（Svätý Jur），城市徽章就是屠龍騎士的圖案，而且每年四月二十四日都要慶祝尤拉伊日。在眾多哥德—文藝復興時代留下來的文化遺產中，最廣為人知的是聖尤拉伊騎士的石質雕像，藝術家用石頭雕刻出尤拉伊與噴火龍打鬥的場景。只不過，那座惡龍雕像吐的不是火，而是從三顆頭的口中噴出水來。

這座栩栩如生的雕像被擺放在首都大主教宮的庭院裡，是布拉提斯拉瓦老城中心的著名景觀之一。民間還有一個傳說，每年到了聖尤拉伊日那天，騎士的石雕像就會復活，駕著自己的寶馬向城市居民點頭致意，感謝他們對自己的尊榮和喜愛。

此外，斯洛伐克郵局在二〇〇二年還曾發行過一套

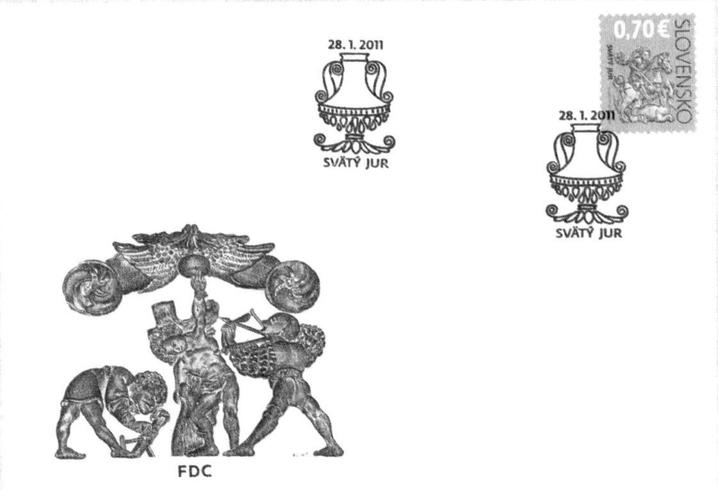


圖6-1　發行於2011年，以尤拉伊騎士屠龍故事爲主題的郵票首日封。（周惠玲收藏）

教堂郵票，它的小全張曾獲得「二〇〇二年度最美小全張」榮譽（圖6-2）。這套郵票有三枚，中間那一枚「圓形教堂」，正是故事中隱士修行所在地的教堂。那是一座著名的羅馬式建築，建於西元十二世紀，位於斯洛伐克西部與捷克交界地帶。倘若走進這座古樸的圓形教堂，會看見教堂內部的兩堵

圖6-2　榮獲「2002年最美小全張」的這套教堂郵票，當中的圓形教堂所在地，正是本篇隱士修行之處。（周惠玲收藏）

牆壁上，繪製著尤拉伊騎士與惡龍打鬥的畫面。

在中世紀的歐洲，宗教鬥爭非常殘酷，由於信仰不同，許多人會遭到其他不同教派的殘酷打壓，於是在中世紀有很多人躲進深山，正如這則童話故事中的老隱士；現實的例子還有被斯洛伐克人奉為「民族之父」的大教育家考門斯基（Jan Amos Komenský），他早年也經歷了宗教迫害，不得不離鄉背井，東躲西藏。

# 驕傲的小公主

窮小子如何娶得尊貴又驕傲的公主？仔細看這一枚1968年的郵票，或許就有答案……

從前，在高塔德拉山腳下住著一個寡婦和年幼的兒子。寡婦每天上山採蘑菇與漿果，和其他村民交換麵粉、豬油或牛奶。而幼小的兒子也很懂事，會幫忙做家事。

有一天，小男孩撿木柴時，遇到一條大蛇，大蛇並沒有傷害他，而是快速的爬向不遠處的巨石。小男孩一點也不害怕，跟著走過去，只見大蛇鑽進了一個洞口。由於這個小男孩沒有其他玩伴，所以每天都會來蛇洞口，等大蛇爬出來和他一起玩。

有一次，男孩得到了很多牛奶，他想，大蛇應該也喜歡喝吧，於是就把牛奶放在蛇洞口。果然，大蛇聞到奶香，慢悠悠爬出來，一口一口把牛奶舔乾淨了。後來小男孩只要得到牛奶，就會端來送給大蛇。

日子久了，大蛇與小男孩變成朋友。可是，世上每一首歌都有結尾的音符，小男孩漸漸長大，大蛇一天天衰老，直到有一天牠緩慢的爬出洞穴，對男孩說：

「揚科！我沒辦法再跟你相伴了。感謝你一直對我這樣好，我要送你一頂氈帽、一只哨子和一把斧頭。當你戴上氈帽的時候，你會長出金髮；當你吹響哨子，所有人都會不停

的跳舞，直到你放下哨子；當你對斧頭喊『砍吧』，斧頭會聽你的話，直到你說『停』為止。」說完，大蛇就死了。

揚科十分傷心，掩埋了大蛇，帶著三件禮物回到家中。沒多久，他的媽媽也去世了。揚科一下子變成了天底下最孤單的人。他收拾了行李，帶著大蛇的禮物去闖蕩世界。

有一天，他來到一座壯觀的古堡前，心想：「這裡應該有我能做的工作。」

經過僕人的引見，國王召見了揚科，「好英俊的小夥子，你可以為我放羊。但我必須坦白說，你可能會因此喪

命。」

「放羊怎麼會死？」揚科決定留下來，「我自己會小心的。」

「好，那你每天清晨去把銀色鈴鐺繫在每隻綿羊身上，牠們會帶你去牧場。」

第二天一大早，整座古堡還在沉睡，揚科已經起床，戴上大蛇送的氈帽，趕著羊群走出城堡。他遵照國王的命令，一路跟著羊群的悅耳鈴鐺，來到了一片金銀銅三色的田野。羊群開始埋頭吃草。突然間，從田邊捲起一陣颶風，朝揚科呼嘯而來，一隻三頭巨龍出現在風中。

「你不要命啦，竟敢來我的三色田野放羊？」牠陰沉著臉，張開大嘴，想吞掉揚科。

「等等，」揚科掏出小哨子，「在你吃我之前，請允許我為你吹一支曲子。」

哨音剛一響起，巨龍渾身顫抖了一下，隨後哨音漸強，牠也不由自主搖擺得越加厲害。最後巨龍痛苦的喊：「停下吧，我送你金銀銅三個蘋果。」

「蘋果在哪裡？」聰明的揚科才不上當呢。

「就掛在那邊的三根樹枝上，摘下來，用樹枝抽打蘋果……」巨龍再也受不了哨音帶來的折磨。

揚科心想，三頭巨龍不會輕易饒了他，於是他抽出大蛇送的斧頭，大喊：「砍吧！」神斧飛速的砍下了巨龍的三顆頭顱。當巨龍倒下的那瞬間，三色田野上方爆出了一道閃電，緊接著出現了絢爛的彩虹。揚科走到蘋果樹

下，用一根樹枝抽打銅蘋果，空中竟出現了一座銅城堡，他走進去，僕人們恭敬的向他鞠躬問好，揚科在銅城堡中逛了一圈，只拿走一根銅羽毛。他再次揮舞樹枝，城堡又變回了銅蘋果。

銀蘋果和金蘋果同樣神奇，揚科又拿到了銀羽毛和金羽毛。他把三顆蘋果收進袋子，趕著羊群返回了古堡，把三根羽毛當禮物獻給國王。

國王知道揚科有能力，想把公主嫁給他，但是公主拒絕了，她認為自己值得更好的人。國王十分失望，他希望公主能學會謙卑。

幾個月後，國王宣布舉行一場騎馬大賽，若有人能把分別掛在不同高度的金銀銅三根羽毛摘下來，就可以娶公主為妻。

遠近的王子、貴族蜂擁而來。第一輪比賽的前一晚，揚科進入銅城堡，那裡的僕人為他準備了銅鎧甲和駿馬。他扮成銅盔甲騎士，一舉摘下銅羽毛，獻給了公主。公主抬高下巴收下銅羽毛，她認為自己值得更好的。

第二輪比賽，揚科穿上銀鎧甲，騎著銀色駿馬摘下了銀羽毛，再次獻給了公主。驕傲的公主還是認為自己值得更好的。

最後一輪比賽，揚科換上了金鎧甲，在眾人驚訝的目光下，摘下了金羽毛。這一次公主答應要嫁了。但金武士卻走到公主面前說：

「美麗的公主殿下，請允許我回家準備，兩個月後我會帶這根金羽毛來娶你。」

公主滿心歡喜，目送身披金鎧甲的騎士揚長而去。這兩個月好漫長啊，她每天都期盼金鎧甲騎士快點到來。到了約定的那一天，太陽從東邊升起，又緩緩落下西山，金鎧甲騎士卻不見蹤影。黑夜的前一刻，一名乞丐走進皇宮，對公主說：

「美麗的公主，我來接你了！」

「你是誰？我又不認識你！」公主大驚失色。

「我就是金鎧甲騎士啊。」乞丐微笑著把金羽毛拿到了公主眼前，「你已經許諾嫁給我，這根金羽毛就是見證。」

驕傲的公主痛哭失聲，但國王卻嚴肅的說：「這是你親口答應的事。換上與你丈夫相配的衣服，跟著他走吧！」

驕傲的公主萬般不願，但也只

能哭哭啼啼的跟著乞丐走出了城堡。

乞丐丈夫帶著驕傲的公主，先來到銅城堡，他們做了各種又髒又累的差事，接著帶她到銀城堡，同樣也做了許多小公主這輩子都沒有過的辛苦工作，最後他帶著公主來到了金城堡。

「這是我主人的城堡，你要更加努力的幹活哦。」乞丐對妻子說。小公主回想起自己曾經是多麼驕傲，而現在卻如此低微，心中百感交集。在金城堡裡她十分忙碌，從煮飯到洗衣，每天都像陀螺般不停的勞動。

這一天，乞丐丈夫對她說，主人回來了，城堡將要舉行

盛大的宴會。晚上宴會開始了，公主身穿樸素的衣服在廚房忙碌，忽然有人叫她去宴會廳幫忙。她走進大廳，發現所有貴賓都起立站著，像在等候尊貴的客人，而她的「乞丐丈夫」身披黃金鎧甲，走到她面前，微笑著說：「親愛的公主，今天是我們盛大的婚禮，很抱歉這段日子讓你這麼辛苦，但我和你父親相信，這樣的經歷對你來說是寶貴的。」話音剛落，老國王也走了過來，滿眼慈祥的微笑。

曾經驕傲的公主，早已在生活的磨練中學到了謙卑，親身體察了窮苦人生活的艱辛。作為金銀銅三座城堡的女主人，小公主一生中做了很多好事，被遠近的人們深深愛戴。

## 故事好郵趣

一九六八年十二月十八日，捷克斯洛伐克共和國發行了一系列「國家民族傳說」郵票，篇首的這枚郵票，就是系列之一。

儘管當時捷克和斯洛伐克是一個國家，但郵票上的插圖是來自斯洛伐克民間童話故事，插畫家也是斯洛伐克著名的藝術家福拉（L'udovít Fulla），他被公認為斯洛伐克現代繪畫藝術的奠基人。他喜愛斯洛伐克民俗文化，創作的靈感也多半來自鄉村生活。

這篇童話體現了中歐民間童話的特點，重複出現數字「三」：三

色田野、三頭巨龍、三顆蘋果，三座城堡……等。「三」意味著多，而這些描寫，表達了純樸人們對於美好人物的期待。

從這篇童話，我們還可以了解斯洛伐克的另一個特色——牧羊傳統。作為農業國，斯洛伐克長期以農耕畜牧業為主。在廣袤的高山草甸上，處處是

圖7-1　以「牧羊人」爲主題的郵票首日封，發行於2008年。（梁晨收藏）

綠油油的青草，牧羊人每年有將近半年的時間都要在高山小木屋中度過，白天，他們與綿羊一起出門，下午或晚上，就用清晨擠出的鮮奶來製作黃油和起司。斯洛伐克的民族樂器大木笛（Fujara）就是牧羊人為了排解孤獨而發明的，至今已經被聯合國教科文組織收入了「非

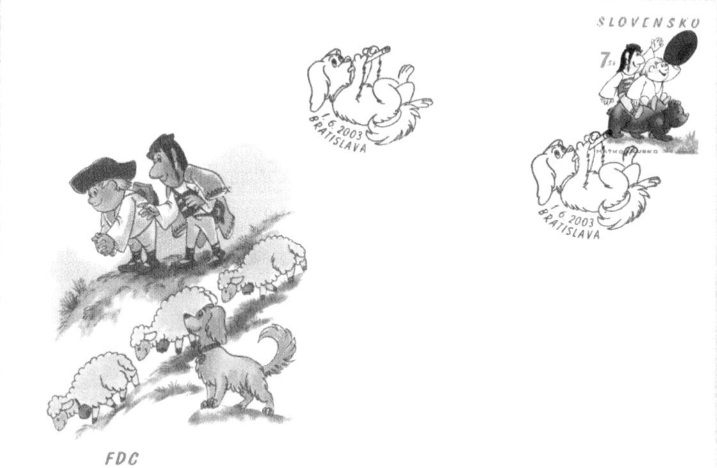


圖7-2　以經典童書《兩位小牧羊人》為主題的郵票首日封，發行於2003年。（梁晨收藏）

物質文化遺產名錄」，斯洛伐克人都為之自豪。

至今在斯洛伐克的中部、東部的高山丘陵上，依然有傳統的放牧人小屋，他們放養綿羊和奶牛，製作黃油和起司，人們在節慶假日常驅車前往這些「牧羊人小屋」，去品嘗新鮮奶製品的好滋味。

圖7-1的首日封是斯洛伐克郵政局以「牧羊人」為主題的郵票，傳達復活節「新生」的意涵；圖7-2的首日封，則取自著名兒童文學家葛茲奈洛娃（Marianna Grznárová）創作的童書——《兩位小牧羊人》。如今這部童書已經經歷了三代人，依然是斯洛伐克最受歡迎的童書之一。

# 三顆核桃

三顆核桃竟然變出三套美麗的禮服，真的嗎？就讓1980年這枚郵票告訴你……

從前有一個可憐的孤兒——沒錯，就是孤兒，因為在世上她只和父親相依為命。所有人都知道，女孩子即使有再體貼的父親，而沒有媽媽，也還是孤苦零丁，被稱為孤兒一點也不為過。我們要講的這位孤兒真是一個好女孩：像鮮花一樣美麗，像剔透的蜂蜜一樣可貴，安靜時像一隻蝴蝶，做起家事像小鹿一樣敏捷俐落。她辛苦的打理家中和庭院大大小小的雜事，有一天，父親心疼的對她說：

「我的好孩子，我不能讓你這樣早晚操勞，做這麼多家事。我會再娶一個媽媽回來，你們兩人分擔，也能減輕一些負擔。」

不久，父親迎娶了一位寡婦，只是新媽媽還帶了一個自己的女兒。兩個女孩站在一起，容貌氣質、行為舉止都不一樣，高下立判。

父親心地善良，對待兩個女孩不分親疏，但繼母心胸狹窄，十分偏袒自己的女兒，把所有髒活、累活都留給善良的女孩，甚至讓她直接睡在廚房的灶臺旁邊，還喊她「灰姑娘」。

日子就這樣一天一天過去，直到有一天，這個國家的國王為王子準備了盛大的舞會，邀請城中所有女孩前去參加。

繼母惡狠狠的對灰姑娘說：「你別出去丟人現眼！這裡

有一大盆摻混的豌豆和扁豆，要是我回來你還沒挑好，等著我揍你！」說完，繼母帶著自己的女兒得意洋洋的穿衣打扮，昂首挺胸的去了城堡。

灰姑娘一顆一顆的挑著豆子，晶瑩的淚珠也一滴一滴的落在豆子上。她十分難過，心想要是自己的媽媽還活著，那該有多好！就在這時，窗外突然飛來了三隻鴿子，牠們嘰嘰喳喳的說：

「親愛的灰姑娘，我們來幫你！送你一顆核桃，打開看看吧。千萬不要和任何人講話，一定要比你的繼母早回家！」

女孩打開核桃，簡直驚呆了，裡面是一套比百合花還要漂亮的洋裝！灰姑娘穿好以後，就向城堡跑去。

宴會上所有人的目光都被身著百合花顏色洋裝的女孩吸引住了，王子只與她一

塊翩翩起舞。舞會快結束的時候，灰姑娘巧妙脫身，提前回到了家中。她脫下洋裝，放進了核桃裡，小鴿子們已經把豌豆和扁豆整整齊齊的挑出來，放進了兩個大碗。

沒一會兒，繼母和她女兒氣哼哼的也回來了。因為女兒沒跟王子跳上舞，繼母原本想打灰姑娘一頓來出氣，但當她看到兩碗豆子已經分好的時候，大吃一驚，簡直不能相信自己的眼睛。

這一晚，王子輾轉反側，他十分想念與他跳舞的那位美麗的女孩。他請國王過幾天再次舉辦舞會，他暗下決心，一定要問清楚女孩的姓名和住址。

又到了舉辦舞會的日子，繼母這一次端出了一盆混在一起的小米和芝麻，惡狠狠的對灰姑娘說：「等我們回來，你要是沒挑好，我一定揍你！」看著繼母帶著自己的女兒揚長而去，灰姑娘忍不住哭了起來：要是自己的媽媽依然活著，那該有多好！

三隻可愛的小鴿子再次飛到廚房的窗臺，朝著女孩嘰嘰喳喳的說：

「親愛的灰姑娘，我們來幫你！再送你一顆核桃，打開看看吧。不過，千萬不要和任何人講話，一定要比你的繼母早回家！」

灰姑娘打開核桃看，這次的洋裝比上一次還要華麗。當灰姑娘再次出現在舞會上時，人們暗暗發出了驚嘆。而王子更是喜出望外，整個晚上只與她一個人跳舞。對於王子的任何問題，灰姑娘都只是微

笑不語。在舞會快要結束的時候，灰姑娘再次巧妙脫身，提前回到了家中。小鴿子早已把小米和芝麻分得清清楚楚。灰姑娘剛剛向牠們道謝完，繼母就帶著女兒回來了。

繼母氣沖沖的走進廚房，大聲問：「你揀出來沒？」灰姑娘默默的端出兩個大碗，一碗是小米，另一碗盛滿了芝麻。

而此時王子正在城堡中百般懊惱，又讓美麗的女孩獨自離開。他苦思冥想，又請國王再次舉辦盛大的舞會，決定這一次一定要留下那位美麗的女孩。

過了幾天，國王的城堡向市民們發放鄭重的邀請卡片，

並通告王子將會在舞會上選擇自己的未婚妻。消息傳開了以後，家家戶戶都開始打扮起自家女兒。灰姑娘也聽說了，但她知道繼母又會刁難她。果然，在舉辦舞會的那天，繼母端給灰姑娘一盆混著灰的麵粉，「哼！你別想著出去！在我回來之前你要是沒把麵粉挑乾淨，等著我打你！」

夜幕降臨，繼母帶著打扮得花枝招展的女兒去了城堡。而可憐的灰姑娘，一邊挑揀麵粉中的灰，一邊傷心落淚：媽媽還在就

好了！

窗邊傳來了嘰嘰喳喳的聲音，灰姑娘抬眼一看，又是那三隻小鴿子，「親愛的灰姑娘，我們來幫你！再送你一顆核桃，打開看看吧。千萬不要和任何人講話，一定要比你的繼母早回家！」

灰姑娘打開了核桃，裡面是一件讓日月星辰都黯然失色的洋裝。灰姑娘歡欣雀躍的向城堡跑去。

當她出現在大廳，所有人都忘記了呼吸。王子一整個晚上只與她跳舞，緊緊的拉著灰姑娘的手，生怕一不留神，她又消失不見。

後來的故事大家都知道了：灰姑娘又一次巧妙脫身，卻把水晶舞鞋落在了塗滿黏膠的臺階上。王子帶著隨從一戶一戶的走訪，希望找到舞鞋的主人。當他們來到灰姑娘家中時，繼母千方百計想讓女兒穿

下舞鞋，但那三隻小鴿子卻在王子的頭上歌唱，「你好好睜開眼，眼前的她根本不是你要找的姑娘！」

在小鴿子的幫助下，王子終於找到了灰姑娘，他們兩情相悅。國王在城堡中為他們舉行了盛大的婚禮，而灰姑娘終於開始了幸福的生活……

# 故事好郵趣

在中歐，每個國家的民俗服裝都是寶貴的文化遺產，外人看斯拉夫民族的服裝覺得大同小異，其實差別很大，就連斯洛伐克的不同地區、不同村落，民俗服飾也都不一樣呢！

從前的鄉村生活其實十分艱苦，人們可以獲得的材料有限，但婦女們利用手邊僅有的布料、麻線和手工自製工具，在布面上或縫或繡或鏤空，竟然將原本普普通通的布料變成了一件件獨一無二的工藝品！難怪，斯洛伐克人會想像，從三顆核桃中變出三套華美的舞會禮服，這不僅是魔法，也是斯洛伐克婦女們的真本事！

民俗服飾十分複雜，從頭到腳，從裡到外，都很講究，例如頭上的圍巾、髮帶，上身的襯衣、馬甲、外套，以及下身的皮褲、襯裙、罩裙和圍裙，再到腳上的襪子和皮製的鞋子或靴子。民俗服飾的分類非常繁多，根據季節有厚薄的區分，根據性別或身分也配有不同的顏色與圖案，根據不同場合的需要，同樣有喜慶與肅穆之分。

就以篇首這枚郵票來說，畫面中

圖8-1　1980年的民俗郵票首日封，以紙藝大師涅麥馳科娃作品為畫面。（周惠玲收藏）

翩翩起舞的女孩，身上穿的正是節慶時的傳統裙裝。這枚郵票，取自一九八〇年發行的一套五枚郵票（圖8-1、8-2的兩套首日封），它是紙藝大師涅麥馳科娃（Kornelie Němečková）的作品。她終生專注紙藝技巧，並融入捷克斯洛伐克的民俗元素。她創作的靈感常源於孩子的世界，除了篇首這枚快樂跳舞的少女之外，還有咧嘴笑的小丑、憨態可掬的動物們呢。

圖8-2　1980年的民俗郵票首日封，以紙藝大師涅麥馳科娃作品爲畫面。（周惠玲收藏）

# 看起來最沒用的兒子

1968年這枚郵票說，有些人看起來沒用，卻能做出一番大事呢。

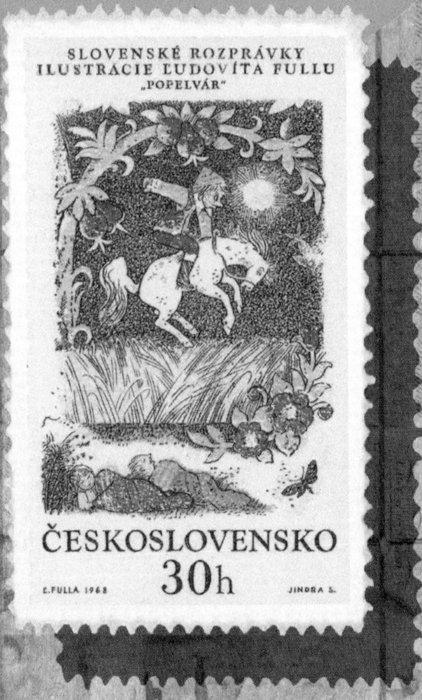

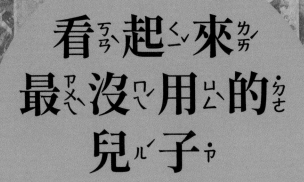

很久很久以前，在與紅海相隔了七十七個國度的地方，有一個不知名的王國。國王有三個兒子，老大和老二都長得儀表堂堂，而老三卻不修邊幅，看起來邋遢又沒用。

有一天，國王將三兄弟叫到了面前。

「兒子們，你們都長大成人了，也該出外去闖蕩一番，看看自己能做出什麼大事。一個一個來，老大，你先出發去吧！」

大王子向父親要了許多錢當旅費、一匹良駒和閃光耀眼的裝備，很快出發了。一年的時間過得飛快，大王子走訪了很多地方，直到他發現了「銅山」。他很訝異居然有這樣壯

觀的地方，為了有個見證，他折了一根銅樹枝，然後快馬加鞭跑回了父親的城堡。

當國王聽說了大兒子的經歷，嘆了一口氣，「去趟銅山要這麼久？我和你媽年輕時，一大早出發，早餐時就到銅山了。換老二吧，看看你能有什麼奇遇。」

二王子同樣向父親要了大量錢財、兩匹駿馬和亮錚錚的裝備，也出發了。一年內他走過高山、穿越峽谷、翻越銅山，來到了銀山。他十分得意，暗想這可是大哥沒到過的地方。於是他也折了一根銀樹枝，策馬返回了城堡。

二王子興高采烈的向父親講述了這一年的經歷，沒想到國王又輕嘆了一口氣，「這沒什麼值得誇耀的，我和你媽媽年輕時，一大早出發，中午就到銀山了。算了，讓老三試試看。」

兩個哥哥在一旁冷言冷語，不斷譏笑弟弟，這時國王好像突然想起了什麼，陷入了沉思。小王子看爸爸久久都沒作聲，就起身去準備行裝。當他走到皇宮的馬廄，一匹灰馬正在泥濘的肥料堆裡奮力掙扎。小王子二話不說，直接把灰馬拉了出來，沒想到灰馬竟開口說話了。

「帶我上路去闖蕩世界吧，我會是你最好的搭檔。去求

國王同意讓你帶上武器庫中那把生鏽的寶劍，他一定知道是哪一把。」

小王子的請求一得到國王的批准，就和灰馬出發了。當他們走過市集，人們紛紛嘲笑小王子，怎麼出遠門還帶了這樣的拖累？

等他們走出了城鎮，灰馬再次開口，「你別以為我是沒用的老馬，我曾經是你爸爸的愛馬。寶劍也不普通，它會聽從你的命令，戰無不勝。你餵我一斗燕麥和一斗炭火，我就帶你飛！」

小王子聽了，十分開心，立刻滿足了灰馬的願望。灰馬

一口吞下燕麥，接著又吞下了炭火，就帶著小王子騰空飛起。

「你看，底下是銅山，那邊是銀山。」灰馬飛得好快，腳下的青山綠水轉瞬即逝。過沒多久，灰馬停了下來，小王子驚訝的發現，他們正站在一座金山之上。不遠處矗立著一座華麗雄偉的大城堡。

小王子牽著灰馬走進城堡，晉見國王，國王一眼認出灰馬，激動的大叫：「沒想到有生之年還能見到這匹馬！孩子，我是你爸爸最好的朋友，年輕時，我們一起和女巫軍團奮戰，才換得了幾十年的和平。如今，女巫又來作亂了，可是我也老了，唉……」

「我來幫您！」小王子覺得自己年輕力壯，能在危急之時救助爸爸最好的朋友，義不容辭，「我隨身帶了爸爸的寶劍。」

「你還是回去吧，好孩子。女巫清晨就會發動攻擊，她的軍團像是地裡長出的野草，怎麼也拔不完。」

但小王子很堅定的留下來。第二天，天還亮濛濛，他就騎著灰馬，高舉寶劍，衝上了戰場。國王的士兵一排排倒下來，而女巫軍團幾乎沒有傷亡。

小王子對寶劍說：「衝吧！把女巫的兵士全部消滅！」只見寶劍飛出，劍光在戰場上四處飛竄，女巫所在的高臺轟然倒塌。寶劍彷彿熟悉女巫的弱點，把她

的圍巾砍成了碎片，女巫慘叫一聲，瞬間消失了蹤跡。女巫軍團也隨即瓦解。

小王子他們戰勝了女巫，整個王國陷入狂歡。但小王子卻注意到老國王臉上仍然帶著悲傷。幾番詢問，國王才說三位女兒被女巫軍團的三隻巨龍抓走，至今音訊全無。

小王子請灰馬帶他去找巨龍。沒想到灰馬嚇得牙齒直打

顫，「沒人能打得過巨龍，你去就是送死。」

「以前也從來沒有誰能打敗女巫軍團呀。事在人為，上天一定會相助的。」小王子說。

老國王也不贊同，「在巨龍面前，你渺小得像一隻螞蟻，絕對不是牠們的對手。」

小王子對國王說：「既然知道公主們身處危難，怎能不去營救？」

他懇請灰馬載他到巨龍的山腳下，然後自己往山上爬。

那一日恰好三隻巨龍結伴出遊，三位公主留在宮殿裡安靜的紡金線。當小王子千辛萬苦爬上山頂以後，三位公主大驚失

色，她們已經多年沒見過外人，「可憐的好心人，你怎麼來這裡？等巨龍回來，聞到生人的氣味，一定會把你吃掉！快離開吧！」

「你們的父親萬分想念你們。今天我要和巨龍決一死戰，帶你們回家。」小王子緊握寶劍。

三位公主聽到「父親」二字，就泣不成聲。大公主說：「三隻巨龍的力氣雖大，但沒有智謀。可怕的是牠們的主人——綠和尚，只有除掉他，我們才能真正脫身。綠和尚每隔七年都會到紅海捕捉一隻金鴨，將鴨蛋吃下，補充法力。」

恰巧三天之後就是綠和尚要去捕鴨的日子，小王子當機立斷，立刻動身前往紅海。他搶在綠和尚之前抵達海邊。第三天清晨，海面剛剛泛起朝陽的金光，就聽見寂靜的空中傳來「嘎嘎嘎」叫聲，一隻金鴨優閒的游向岸邊。小王子縱身一躍，一手抱住金鴨，另一手接到了金鴨蛋。

這時，綠和尚也像一陣風般衝過來。說時遲，那時快，小王子搶先吞下了鴨蛋，對綠和尚大喊：「永遠變山豬，不得再出現！」

綠和尚身上爆起一陣綠煙，煙霧散去，原地只見一頭碩壯的山豬，氣哼哼的轉頭跑向了遠處的樹林……

綠和尚的魔咒破除了，三位公主獲得了自由。小王子邀請她們和老國王一起回自己的家。當國王看見小兒子竟然帶著自己的摯友和三位公主歸來，心中湧起了驕傲的情緒——誰能想到，他那最不起眼的兒子竟然是最了不起的勇士！

## 故事好郵趣

這則斯洛伐克童話中有很多常見的故事哏，比如「金、銀、銅」三寶山、「戰勝女巫」或是「英雄救美」，然而心思細膩的小讀者或許會發現，還有別的趣味。

斯洛伐克童話常常是這樣，情節乍看很傳統，結尾卻出乎預料，總有峰迴路轉的起伏與轉折，例如這篇故事中段出現的綠和尚，誰也沒想到，惡龍之外還有更艱難的挑戰。

我讀這則故事，心中的感受十分奇異：斯洛伐克童話中竟然有我們華人熟悉的觀點：「謀事在人，成事在天」、「人不可貌相，海水

不可斗量」，小讀者有沒有同感？

開篇的郵票，取自一九六八年發行的一系列非常著名的「民俗童話故事」，總共六枚郵票，都是膾炙人口的傳說，其餘還包括〈小板凳，請賜福〉、〈無所不能的騎士〉、〈受詛咒的城堡〉、〈魯莽的獵人〉與〈驕傲的小公主〉（圖9-1）。

郵票插畫取自一九五三年布拉提斯拉瓦出版的全套《斯洛伐克民間故事集》。插畫的作者是斯洛伐克國寶

圖9-1　1968年發行的「民俗童話故事」郵票，由左至右，分別是〈看起來最沒用的兒子〉、〈驕傲的小公主〉、〈無所不能的騎士〉、〈小板凳，請賜福〉、〈受詛咒的城堡〉與〈魯莽的獵人〉，繪圖者福拉是捷克與斯洛伐克的國寶畫家。（周惠玲收藏）

級畫家福拉，他被視作斯洛伐克二十世紀最重要的人民藝術家。由於福拉對民俗學深有研究，擅長用明快的顏色，帶著豐厚的情感元素繪製出一幅幅像「詩一般的形象」。

《斯洛伐克民間故事集》中包含上百篇斯洛伐克各地區流傳的民俗童話與傳說，福拉為這套書精心繪製了細緻精美的插圖，使得這套民間故事，成為一代又一代斯洛伐克人童年最美好的回憶。原圖被斯洛伐克國家美術館收藏。

# 水鬼與金花

山中湖的水鬼常抓壞人的靈魂去燉湯，但是這枚1970年的郵票知道，他也喜歡幫助善良的小孩……

在一個溫暖的仲夏夜，山中湖的水鬼坐在皎潔的月光下織網。四周萬籟俱寂，只聽見他自言自語：

「閃閃的月光，照我織張網。抓魚捕靈魂，天天一個樣。誰讓我天生是水鬼？我最喜歡抓不聽話的人，把他們的靈魂收藏在小鍋裡燉湯！唉，今天太安靜，要是仙女們能來，還能熱鬧些。」

這時，從遠處草叢傳來悅耳的歌聲：

「神祕的夜，

奇幻的夜，

遠方傳來慰藉，

神奇的花朵將在今夜綻放……」

水鬼接著又自言自語：「要是小揚科知道，今晚金花會開，他該有多高興啊！只有在仲夏夜，人類的雙眼才能看見我們，而只有純真的人才能見到山谷中開放的金花。」

仙女們緩緩飛來，一路熱烈的低聲細語：「神奇的金花即將開放，可惜大多數人卻看不見。」

「就是說啊，他們還一直以為這只是傳說。」

「今晚可要小心，因為在仲夏夜的時候，保有赤子之心

的人就能看見我們！」

美麗的小仙子們在月光瀑布中翩翩起舞，老水鬼也一起輕聲哼唱：「冰涼的水，從高山來，澆灌草地，與魚兒嬉耍，誰若不小心落水，就永遠留在我身邊……」

正當仙女們和水鬼悠然的跳舞歌唱，突然傳來

了腳步聲。

「有人來了！姐妹們，快點躲起來！」水鬼說著，咕嘟咕嘟冒了幾個水泡，潛入了湖中。

皎潔的月光勾勒出一個小男孩的身影，從遠而近的穿過草地，來到湖邊。只聽他低聲祈禱，「請上天幫我找到金花——啊，這裡這麼

荒涼，真的會有嗎？我好累，腿已經走不動了……可是我不能放棄，為了我可憐的媽媽，請你不要像爸爸一樣死去，把我和姐姐拋下！」

水鬼忍不住冒出水面。小男孩看到他，趕忙向後退了幾步，「天啊，水鬼！嚇我一跳！」

「不要害怕，小揚科！我不會傷害你。我認識你，你是孝順的好孩子。你怎麼會在深夜跑到湖邊來？」水鬼問道。

「水鬼，你真的不會害我？」疲憊的男孩半信半疑，他已經沒力氣再跑了。

「我說話算話，」水鬼滿臉神祕的說，「今天是神奇的

仲夏夜，金花將會開放。」

「真的？這不是傳言？」

揚科睜大眼睛，喜出望外。

「當然不是，但只有懷著愛心和純真的人才能看見金花，否則就算你站在金花面前，也看不見它。」

「我的媽媽生了重病——哎，我太難過了！真怕她拋下我和姐姐……」說著，小男孩傷心的大哭起來。

「可憐的孩子，」水鬼十分同情揚科，卻說不出任何安慰的話來。

「好水鬼，請你告訴我，金花是不是有神奇的魔力，只要讓生病的人聞一聞花香，就可以痊癒？」揚科眨著淚眼，哽咽的問。

「是這樣的，如果金花注定是你的，它就會從高不可攀的懸崖上掉落在草地上等你。你聽，什麼聲音？」

仙女們紛紛從藏身的地方飛出來，一起迎著月光清唱：

「神祕的夜，奇幻的夜，
遠方傳來慰藉，
神奇的花朵已經在今夜綻放。

小揚科，快去吧，
抓緊這最奇妙的一刻！」

小揚科向塔德拉山谷跑去，他激動的狂奔，「神奇的金花等等我！我的媽媽有救了！」

突然閃電大作，雷鳴陣陣！彷彿整個山谷都在震動，只聽見空中的咆哮，「是什麼人，膽敢過來？」

揚科十分害怕，跪在草地上，雙手合十，「是……是我，揚科，尊敬的塔德拉山神！」

山神十分震怒，「哦，我知道了——你是來摘金花的？

哈哈哈！是想用金花來求財富不成？」

「尊敬的山神，請您息怒，我不知道金花能帶來財富。我是為了生病的媽媽，她太可憐了……我只要她活下來，什麼財富都不想要！」

「哼！這話我聽得太多了！」山神十分不屑，「你休想騙我！如果你為了財富而來，只要碰到金花，它就會消失，而你也會跌進萬丈深淵，粉身碎骨！很多尋找財富的人已經這樣悲慘的死去了。好，你過來摘吧，現在正是時候！」

揚科聽了十分激動，「謝謝您，親愛的山神！謝謝您幫我可憐的媽媽！」他的話音剛落，四周的草地忽然泛起七彩

之光，一株金光閃閃的花朵出現在男孩面前。揚科走上前去，跪在地上，小心翼翼的握住花莖，輕輕摘下，美麗的金花在他手中發出耀眼奪目的光芒，五彩繽紛，照亮了揚科整個小臉。

「看來連上天也在幫你。金花一定會治癒你的媽媽！」山神的聲音隨著轟隆

隆的雷聲漸漸遠去。

揚科手握金花，難以置信的望著五彩光芒，喃喃自語，

「真的是你嗎，神奇的金花？喔，媽媽！您一定要快快好起來！」說完他跌在草地上，陷入了沉沉的夢鄉。

高山湖畔，仙女們在月光下跳舞，只聽她們輕唱：

「愛是多麼神奇，
驅使人忘記自己，
創造難以置信的奇蹟。
美麗的仲夏夜，

見證最真摯的情誼。」

與此同時，在山腳下的村莊中，一棟小木屋裡不斷傳出咳嗽聲。媽媽起床看到兒子的小床竟然空空如也，連忙叫醒了女兒，可誰也不知揚科到底去了哪裡。母女望著窗外無盡的黑夜，度秒如年。好不容易等到天亮，病重的媽媽剛準備動身出門找孩子，沒想到揚科在鄰居的護送下走進了家門。

「我下山回來，看到揚科在草地上睡覺，就把他背回來了。」鄰居說。

而滿身露珠和青草的揚科把一朵金光燦燦的小花放在媽

媽的鼻子下。「媽媽，你快聞一聞，你的病就好啦！」

「什麼？這……這不是……金、金……花嗎？」鄰居瞪大了雙眼。

媽媽聞了金花，所有的病痛一瞬間消失得無影無蹤。她緊緊的摟著渾身冰冷的揚科，滾燙的淚珠一滴、一滴的掉落在揚科的小臉上。

「世上沒有任何東西比媽媽更重要。」揚科在媽媽溫暖的懷抱中低聲說。

## 故事好郵趣

人與人之間的真情，總是最令人動容的。從古至今，常見父母向孩子傾注無盡的愛，而反過來，子女能對自己的父母盡心盡力做到「烏鴉反哺」式的奉養，卻絕不是大多數。這則童話的溫暖之處在於小揚科對病重母親的依戀與愛，不顧自身安危，在深夜隻身走進大山，終於為母親尋得了救命的金花。

當然，他也獲得了水鬼和山神的幫助。故事中，水鬼坐在皎潔月光下織網的意象讓人印象深刻，這也是篇首這枚郵票所表現的畫面。

這枚郵票是由捷克斯洛伐克共和國在一九七〇年發行，郵票繪者

是波希米亞（今捷克境內）著名藝術家拉達（Josef Lada）。拉達以《好兵帥克》的插圖而聞名於世。他出身貧苦，自幼酷愛繪畫，十四歲即前往布拉格。他通過自學，不斷在繪畫創作領域精進，後來與作家哈謝克成為摯友，兩人合作將《好兵帥克》推向了世界文壇的高峰。

這一系列郵票都是從拉達的經典插畫中選取的，其中「秋天的孩子」與「冬天的孩子」出自拉達繪製的《傳統的捷克四季》一書，除此以外，拉達多次在畫作中

圖10-1　以拉達的畫作爲主題的郵票，由左至右是「秋天的孩子」、「魔劍」、「水鬼與金花」、「冬天的孩子」，1970年發行。（周惠玲收藏）

表現自己的家鄉，創作了許多非常美麗有質感的風景作品。

而故事裡的山谷和金花，可以從二〇一五年發行的「我們祖國的秀麗山川」系列郵票得見（圖10-2）。在這枚以塔德拉山脈為主題的郵票右下角，就是故事中美麗的金花。塔德拉山

圖10-2　以本故事場景塔德拉山脈和金花爲主題的郵票，發行於2015年。（梁晨收藏）

脈是斯洛伐克與波蘭的天然國境線。連綿不斷的群山一年四季風景如畫，高山之中有許多高山湖，更是美不勝收。

這篇故事發生的背景正是斯洛伐克人的民族之山，大自然中的草木與動物彷彿都格外靈動，生活在大山之間的人們口耳相傳許多美妙的故事。這一篇的敘述風格也與前九篇不盡相同，彷彿是一幕幕歌頌萬物有靈有情的舞臺劇，你喜歡嗎？

# 郵趣教室

郵信小百科

# 各種形狀的郵票

陳玉蓮、周惠玲

當你去買郵票、寄信時，有沒有注意過郵票的形狀呢？「郵票不就是方形的嗎？」也許你會這麼說。

其實，郵票有很多不同的形狀，例如中華郵政在二〇一二年發行的「情人節郵票」就是心型的（圖11-1），不但可以看到盛開的玫瑰花，還能聞到玫瑰花的香味呢，這可是第一套有香味的郵票喔！

另外還有衣服形狀的郵票，這是奧地利在二〇一六年所發行的，

衣服旁邊綴飾著它的國名「AUSTRIA」（圖11-2）。這件「衣服」只有五公分大小，而且摸得到真實的毛線，還可以真正貼在信封上寄出。

類似這樣，只要是特殊形狀的郵票，我們都稱它是「異形郵票」。

世界上有許多國家都會發行異形郵票，雖然沒

圖11-1　中華郵政2012年發行的情人節郵票小全張，撕下來就是心形。（陳玉蓮收藏）

圖11-2　奧地利2016年發行的傳統服裝郵票。（陳玉蓮收藏）

圖11-3　中華郵政1998年發行三角形童子軍郵票。（陳玉蓮收藏）

辦法一一列舉，但是我們可以先來看看有名的卡通明星凱蒂貓（Hello Kitty），二〇〇四年中華郵政以它們為主題發行了橢圓形的郵票。圓形的齒孔變成了泡泡，包住兩隻正在吃蛋糕、喝咖啡的貓咪，再搭配圓形的桌子、盤子，讓整個畫面更加圓滿。

接下來再看一九九八年這枚三角形郵票（圖11-3），這也是中華郵政第一次發行三角形郵票，郵票中間有一朵像百合花的圖案，兩邊有明亮的星星，這是

童子軍的標誌，近年來全世界在發行童子軍郵票時，大都會採用三角形。

還有六角形的臺灣蜂類郵票。你看過蜜蜂嗎？蜜蜂居住的地方又是什麼樣子呢？只要看一看二〇一二年的這套郵票就知道了（圖11-4）。蜜蜂居住在蜂窩中，因為蜂窩是六角形，所以這套郵票也設計成六角形，每個六角形裡面有不同種類的蜜蜂，相連的六角形組合成蜂窩，你說，這設計是不是很巧妙呢？

圖11-4　中華郵政2012年的蜂類郵票，以六角形摹擬蜂窩。（陳玉蓮收藏）

除了各種幾何圖形的郵票之外，還有不規律造型、破格的郵票。例如日本二〇〇〇年為了國際郵票展所發行的這套，幾乎每一枚郵票的形狀都不一樣，特別是左下的貓和狗、玫瑰花和貓臉花，以及愛寫信的孩子們，都做成不規則的軋型（圖11-5），看起來可愛極了。

自從二〇一九年底爆發新冠病毒傳染，疫情蔓延全世界，造成多人死亡，社會和經濟的損失更是嚴重。為

圖11-5　日本發行有很多異形郵票，2000年國際郵展的這一套展示了不同形狀的郵票。（周惠玲收藏）

了警惕人們加強防疫，各國郵局都發行了防疫郵票，其中引起大眾注目的這一枚口罩形郵票（圖11-6），也是異形郵票，兩旁還有鬆緊帶，就像一個小型的口罩。這枚郵票跟開頭介紹的那枚傳統服裝郵票，同樣都是由奧地利郵局發行的。

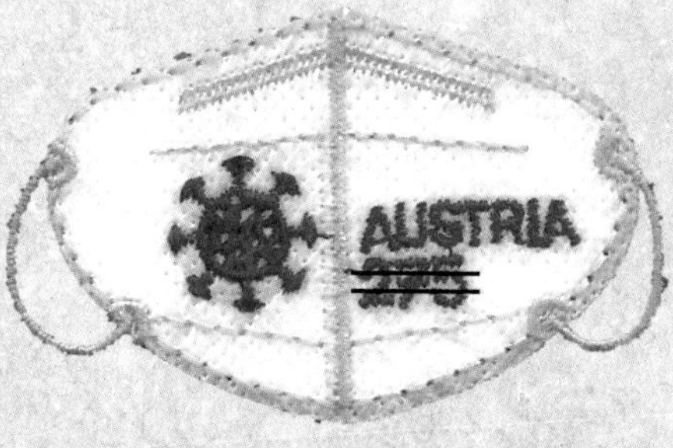


圖11-6　奧地利2021年發行的口罩郵票。
（周惠玲收藏）

# 郵戲動手做

## 一張紙摺一封信

廖于涵

世界上第一枚郵票是英國人在一八四〇年發明的。從此以後，只要在信封上貼足郵票，便可請郵差幫忙送達，所以，郵票可說是「信件的交通費與手續費」。

除了郵票之外，要寄一封信給朋友，最主要的當然是明信片或信封和信紙。很多人喜歡挑選漂亮的或可愛的明信片、信封和信紙來寫信。但是，萬一臨時找不到明信片、信封、信紙來寫信，怎麼辦？

沒關係，只要有一張空白的紙，你就能自製一封信。請跟著以下步驟，很簡單哦。

小馬丁和小瑪莎（Martin Podstavek，Maria Liang Podstavek）／梁晨拍攝

材料：白紙一張（A3大小）、剪刀或尺、筆

步驟：

1. 將長方形的紙裁成正方形。
2. 將紙採菱形擺放，在紙上寫信給朋友，如果怕寫歪，可以先用鉛筆畫線，寫完畫圖。
3. 下方的直角往上摺到中央位置。

步驟1

步驟2

步驟3

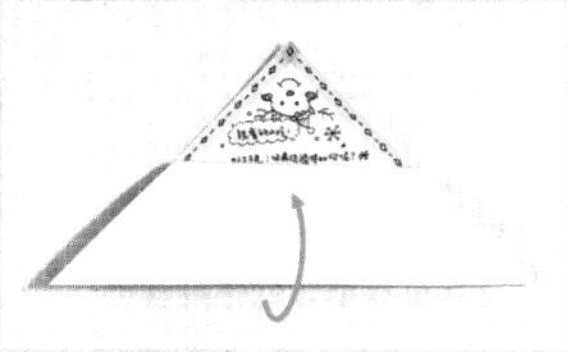

步驟4

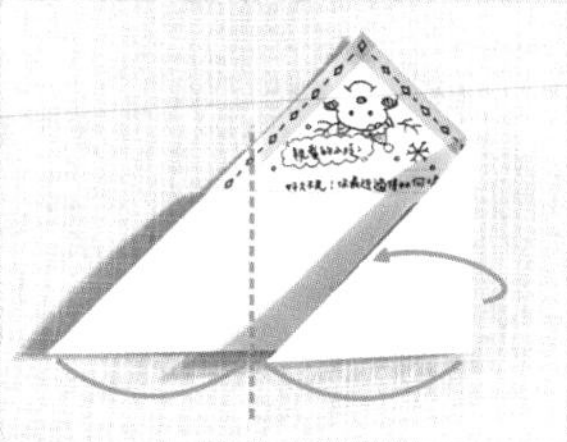

步驟5

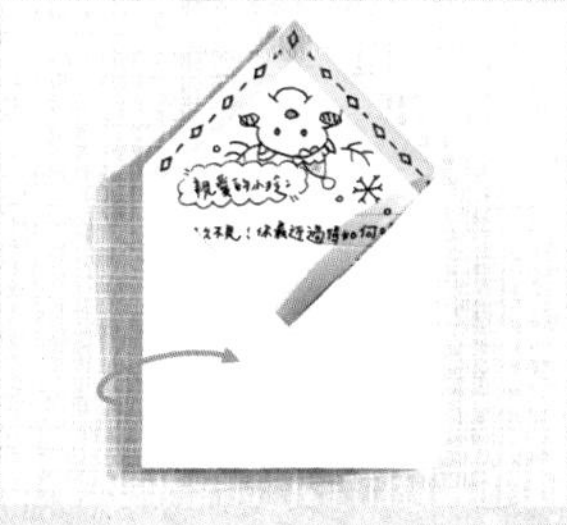

步驟6

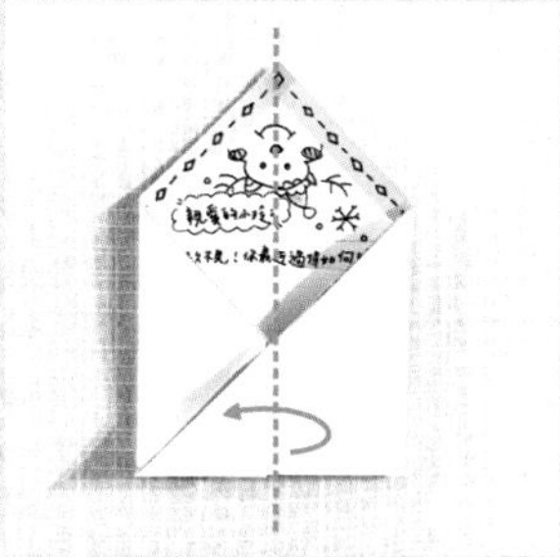

步驟7

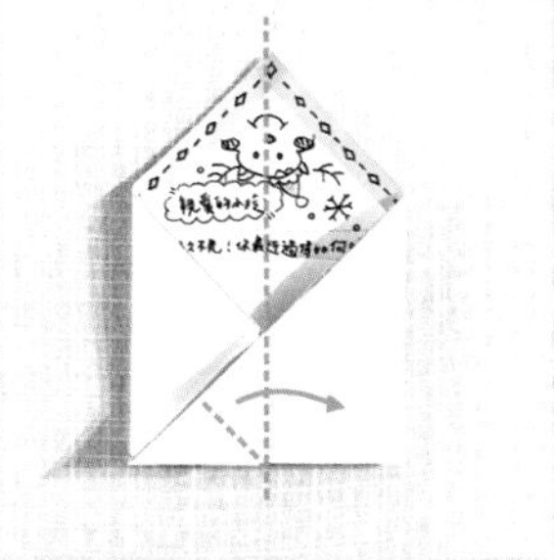

步驟8

步驟9

步驟10

步驟11

4. 再次由下再往上摺，變成三角形。

5. 三角形由右往左，摺到三分之一的位置。

6. 左往右摺。

7. 從中心線位置，將上面的紙往左邊回摺。

8. 依虛線翻開菱形口袋。

9. 上往下摺，塞入菱形口袋內

10. 用貼紙黏住開口。

11. 翻到正面，左上角寫上寄信人姓名和住址，中間位置寫上收信人和住址。右上角記得貼郵票。平信是八元、限時信是十五元。

作者後記

# 聽！郵票講的動人故事

梁晨

我對郵票的最初印象來自童年，那時我媽是個超級集郵迷。每年她都會收集滿滿一大本琳琅滿目的郵票冊，還有各式各樣的小全張、首日封。

當時的我不識字，對花花綠綠的郵票沒有太大興趣，但至今記憶深刻的是，每當媽媽小心翼翼的用鑷子一張一張整理郵票的時候，就會順便給我講講手中郵票背後的故事。

幼小的我聽得十分入神，不知不覺獲得了不少學校沒教的知識，無形中一點一點拓寬了小小的心靈版圖。

沒想到三十年後有幸派駐臺灣工作，竟能再次接觸奇妙的郵票世界。遠流出版公司的編輯總監惠玲老師發想，藉由

郵票來為臺灣小讀者講述世界各國的傳家故事，這系列圖書絕對是一個前所未有的創舉。而我作為從事外交工作的兒童文學「門外漢」，受邀撰寫斯洛伐克這一冊，我滿心歡喜和激動：哪裡有比能為臺灣孩子寫書更棒的「外交工作」？

斯洛伐克（Slovakia）對亞洲人來說非常陌生，或許有人會問，這個在一九一八年脫離奧匈帝國統

圖12-1　象徵國家獲得「自由」的郵票，是捷克與斯洛伐克最早的郵票之一，曾兩度發行。上排是1920年發行、面值20分至60分的郵票，一套六枚；下排是1923年發行的50分至250分，一套五枚。這些郵票顏色不同，但都是同一圖案，由布魯納（Vratislav Hugo Brunner）繪圖。（周惠玲收藏）

治，一九九三年又與捷克分家，各自獨立建國的國度，是否有自己的文化與歷史？我只想說，斯洛伐克像一塊埋藏在中歐的寶石，她有太多事情值得我們認識。而從美麗的郵票入手，絕對是個好方法。

首先，來欣賞一九二〇年發行的這套少女打開雙手掙脫枷鎖的郵票（圖12-1），它是斯洛伐克與捷克最早的郵票之一，以脫離奧匈帝國獨立為主題。這套郵票有個亮點，其中面額哈列爾／分（h）的郵票有兩種圖案（圖12-2），因為當初雕刻時發生

圖12-2　因爲雕刻錯誤，1920年發行的這枚40分的郵票變得稀有珍貴，左邊是正常圖案，右邊這一枚，少女腰間葉子多了一片。（周惠玲收藏）

錯誤，以至於少女腰間的葉子數量不同，你看出來了嗎？

其次，被世人稱為「圖畫書之父」的考門斯基，是中世紀著名的大教育家，也被斯洛伐克人和捷克人奉為「民族之父」，他一生著書立說，臺灣也出版了他的《世界圖繪》。捷克和斯洛伐克多次發行過他的郵票，包括二〇一九年這套以考門斯基大學設立百年為主題

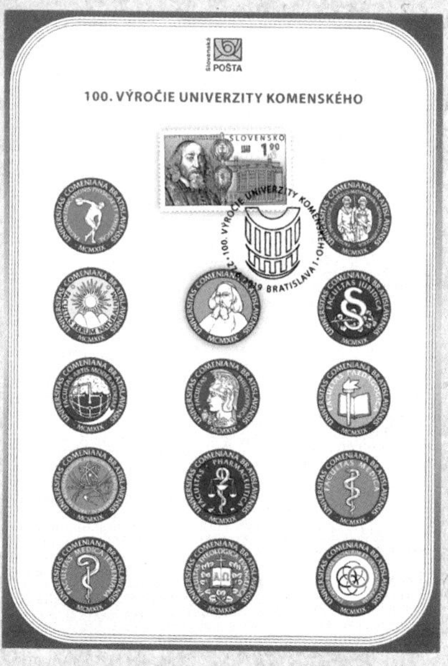


圖12-3　以考門斯基爲主題的郵票非常多，這一套蓋有首日戳的明信片是2019年爲紀念考門斯基大學設立百週年而發行的。(周惠玲收藏)

的郵票（圖12-3）。這枚明信片上除了首日紀念戳之外，還有大學各學院，猜猜看，這些圖案各代表哪些學門？

另外，一七七一年，斯洛伐克伯爵貝紐夫斯基（Benyowsky）曾乘船航行來到福爾摩沙，並在宜蘭蘇澳登陸，他寫下大航海日誌，返回歐洲時在倫敦發表，從那以後歐洲普通民眾才得知在遙遠的亞洲，有一個美麗的小島叫作福爾摩沙，二〇二一年匈牙利曾為他發行過郵票。

回來說童話。斯洛伐克自古就流傳著許多民間童話，代代以口相傳，直到十九世紀末才被斯洛伐克民俗學家多布辛斯基（Pavol Dobšinský）集結成冊，在布拉格出版，二〇〇八

年有一套紀念他的郵票（圖11-4），票面上是九頭龍，相信大家看了一定會心一笑，因為多頭的龍在斯洛伐克童話中很常見呢，包括我們這本書當中的〈騎士與龍〉、〈驕傲的小公主〉、〈看起來最沒用的兒子〉。

在留學斯洛伐克的十

圖11-4　2008年紀念童話與故事採集人多布辛斯基的郵票首日封。（周惠玲收藏）

年中，我曾大量閱讀斯洛伐克民俗童話與傳說，發現其中不少童話與「格林童話」或是「安徒生童話」非常相似（順道一提，安徒生曾旅居斯洛伐克首都兩年，或許也曾在此獲取了許多創作靈感）。然而，也有相當多民間傳說帶有鮮明的斯洛伐克地域風格和文化傳統。

當臺灣讀者以雙手打開這本《有故事的郵票：斯洛伐克童話》時，一枚枚的老郵票開始娓娓道來自己的故事。我衷心希望，讀者們會喜歡這些曾經在斯洛伐克高山與峽谷中迴盪許久的民間童話與傳說。

Q82003

# 有故事的郵票3 斯洛伐克童話

**作者** — 梁晨
**繪圖** — 蔡兆倫、謝祖華（依筆畫順序）
**郵信小百科** — 陳玉蓮、周惠玲
**郵戲動手做** — 廖于涵

**編輯總監** — 周惠玲
**校對** — 呂佳真、董宜俐
**美術設計** — 黃子欽
**封面設計** — 黃子欽
**內頁編排** — 黃淑雅
**行銷企劃** — 金多誠

---

**發行人** — 王榮文
**出版發行** — 遠流出版事業股份有限公司
104005 台北市中山北路一段 11 號 13 樓
郵撥：0189456-1　電話：(02)2571-0297
傳真：(02)2571-0197
**著作權顧問** — 蕭雄淋律師
**輸出印刷** — 中原造像股份有限公司
**平裝版初版一刷** — 2022 年 5 月 1 日

yLib 遠流博識網　http://www.ylib.com　Email: ylib.com
遠流粉絲團　http://www.facebook.com/ylibfans

---

**定價** 新臺幣 370 元
ISBN　978-957-32-9545-7

斯洛伐克童話 / 梁晨文 ; 蔡兆倫, 謝祖華圖. -- 初版. --
臺北市 : 遠流出版事業股份有限公司 , 2022.05

面 ;　公分 . -- ( 有故事的郵票 ; 3)

ISBN 978-957-32-9545-7( 平裝 )

1.CST: 郵票 2.CST: 民間故事 3.CST: 斯洛伐克

557.646446　　111005136

本書由斯洛伐克文化部文學資訊中心（LIC）提供補助出版
This book has received a subsidy from SLOVAKIA Committee, the Center for information on Literature in Brtislava, Slovakia.